GÉNÉRAL HERR

DE L'ARTILLERIE FRANÇAISE

SUR LE THÉATRE DE LA GUERRE DES BALKANS

MON JOURNAL DE ROUTE

(17 novembre — 15 décembre 1912)

AVEC 9 ILLUSTRATIONS ET UNE CARTE HORS TEXTE

BERGER-LEVRAULT, ÉDITEURS

PARIS — Rue des Beaux-Arts, 5-7

NANCY — Rue des Glacis, 18

1913

Prix : 2 fr. 50

SUR LE THÉATRE

DE LA

GUERRE DES BALKANS

GÉNÉRAL HERR
DE L'ARTILLERIE FRANÇAISE

SUR LE THÉATRE DE LA GUERRE DES BALKANS

MON JOURNAL DE ROUTE

(17 novembre — 15 décembre 1912)

AVEC 9 ILLUSTRATIONS ET UNE CARTE HORS TEXTE

BERGER-LEVRAULT, ÉDITEURS
PARIS
Rue des Beaux-Arts, 5—7
NANCY
Rue des Glacis, 18
1913

PRÉFACE

Au mois de novembre et de décembre derniers, quelques jours avant la conclusion de l'armistice, je suis allé visiter une partie du théâtre de la guerre des Balkans.

Voyageant sans mission officielle, je n'avais pour but que de satisfaire ma curiosité, compléter mes connaissances militaires, notamment celles qui concernent mon métier d'artilleur.

C'est que je me méfie de la façon dont s'écrit l'histoire. Aussi ai-je voulu essayer de puiser le plus tôt possible les renseignements qui m'intéressent aux sources les plus fraîches et recueillir les témoignages que les besoins d'une cause n'auront pu encore modifier.

Ces renseignements et ces témoignages, je les ai

notés entre deux chevauchées, au jour le jour, sur la table branlante d'un sleeping, ou hâtivement, le soir, avant de prendre un repos bien gagné.

En offrant au public les feuillets de mon *Journal de route,* je n'entends pas faire œuvre de littérateur, ni d'historien, ni de critique. — Mes notes n'ont que la valeur d'instantanés, sans agrandissements ni retouches, et je me refuse à y apporter ces arrangements qui, insensiblement, dénaturent la vérité, enlèvent aux impressions leur sincérité et effacent dans le dessin le trait plus fortement accusé qui précise un souvenir ou fixe un caractère.

Mon journal constitue un document vécu où apparaissent les différentes personnalités avec lesquelles j'ai pu obtenir d'agréables et instructifs entretiens. — Il me suffira de souligner la haute autorité que ces personnalités donnent aux témoignages que je tiens d'elles.

Le lecteur verra de quelle façon j'ai pu recueillir, avec la plus grande discrétion, certains renseignements d'ordre militaire, que le présent livre ne relate pas en détail, et qui trouveraient surtout leur place dans des revues techniques.

Les mêmes motifs de discrétion m'ont déterminé à

ne publier ces notes que lorsque toute chance de reprise des hostilités balkano-turques a paru être écartée.

Pour toutes ces raisons, j'ai voulu que mon Journal, écrit avec le seul souci de ce que j'ai vu et entendu, sans prétention littéraire, restât franchement ce qu'il est : le *Journal de route d'un touriste et d'un soldat.*

Châlons-sur-Marne, le 15 juin 1913.

SUR LE THÉATRE

DE LA

GUERRE DES BALKANS

DANS L'ORIENT-EXPRESS

Dimanche 17 novembre, 21 heures.

Je suis enfin installé dans l'Orient-Express, muni d'une permission pour Constantinople et d'un passeport pour les pays balkaniques.

Ce n'est pas sans peine que j'ai pu obtenir l'une et l'autre et j'ai dû montrer patte blanche en promettant d'être prudent et bien réservé. Pour calmer les dernières appréhensions, je viens de me laisser interviewer par un reporter d'*Excelsior,* sous la condition que son article mentionnera explicitement que je ne suis chargé d'aucune mission.

Les maladresses que je pourrai commettre ne pourront, de la sorte, être dangereuses que pour moi seul et n'engageront en rien la responsabilité de notre diplomatie.

Le but que je me propose dans mon voyage est de satisfaire ma curiosité tout d'abord, puis de compléter mes connaissances militaires, notamment celles qui concernent mon métier d'artilleur. Je pourrais, il est vrai, attendre d'autrui les renseignements désirés, mais je suis devenu très méfiant : pendant la campagne de Mandchourie, j'ai pu comparer les documentations que je recevais presque hebdomadairement d'un témoin du duel russo-japonais, à celles qui furent plus tard publiées par les uns et les autres. J'ai été à même ainsi de me rendre compte de la façon dont les idées, en vieillissant de quelques semaines seulement, se transforment et dont les récits se modifient en se transmettant. Bientôt une tradition prend naissance qui ne repose plus que sur des faits dénaturés. Pour éviter pareil mécompte en ce qui me concerne, je veux essayer de puiser le plus tôt possible les renseignements qui m'intéressent aux sources les plus fraîches et de recueillir des témoignages que les besoins d'une cause n'auront pu encore frelater.

Je compte aller à Constantinople où j'espère prendre

contact avec l'armée turque, puis, si la chose est possible, avec l'armée bulgare, soit pendant un armistice, soit à Constantinople, si elle y entre triomphante. Je serai très heureux d'y retrouver un officier qui a servi sous mes ordres et que j'ai initié aux méthodes de l'artillerie française. Je lui dois de n'avoir pas été étonné des succès bulgares qu'il m'avait d'ailleurs prédits alors.

Enfin, je me propose de terminer mon escapade en poussant une pointe sur Scutari. L'armée monténégrine est une armée de milices : elle me permettra de compléter l'étude que j'avais entreprise, aux dernières manœuvres suisses, sur le service à court terme.

Lundi 18 novembre.

A 10 heures du matin, pendant que le train stationne en gare de Munich, irruption dans mon compartiment d'un inconnu qui agite un télégramme et me baise la main. Il me parle d'un grand chagrin qu'il a eu et d'une grande joie qu'il éprouve. Son télégramme, qu'il me communique et qu'on vient de lui remettre, lui annonce le passage en gare de Munich d'un général d'artillerie français. Le train va partir; l'inconnu, qui est arrivé à destination, se décide, sur la sollicitation de personnes qui l'accompagnent, à descendre du train.

Une enquête m'apprend que c'est un monsieur X..., dont le frère, qui vient de mourir, occupait dans la finance de New-York une situation prépondérante. Tout cela ne m'explique pas l'incident qui vient de se produire. Faut-il y voir la manifestation d'un slavophile qui attribue, comme bien d'autres, les succès des alliés aux canons français et aux méthodes en usage dans notre artillerie ?

VIENNE

Mardi 19 novembre.

En attendant l'heure de me présenter à l'ambassade, je vais faire mes dévotions au Musée de l'Histoire de l'Art. Bien qu'il soit encore bien tôt, le Musée est déjà envahi par des bandes de touristes et surtout par des amoureux que la pluie a chassés du Ring et qui, la main dans la main, en brochette sur les banquettes de velours, se contemplent en tournant le dos aux Memling, aux Cranach et aux primitifs allemands. Combien, cependant, il serait utile pour eux de donner un coup d'œil à l'œuvre de ces maîtres qui se sont plu à représenter Adam et Eve avant et surtout après la faute, ainsi que les suites du péché originel!

Dans l'après-midi, je rends visite à notre ambassadeur, M. Dumaine. L'accueil que je reçois de lui me met en confiance. Je lui expose mes projets. Il m'annonce, ce qui refroidit considérablement mon zèle, qu'il y a déclaration de quarantaine à Constanza, pour les provenances de Constantinople, en raison du développement de l'épidémie de choléra. Le colonel Hallier, notre attaché militaire auquel il m'adresse (et dont j'avais fait la connaissance à Vienne il y a vingt ans), me confirme ces renseignements. Il me met au courant des intrigues qui semblent avoir motivé le conflit austro-serbe, de l'antagonisme entre Slaves et Allemands, entre les diplomates et le parti militaire. Les 14ᵉ et 15ᵉ corps se renforcent par petits paquets. Les compagnies d'infanterie, normalement squelettiques, doivent y avoir atteint un effectif respectable.

Le trouble de la situation et la crainte que la quarantaine ne m'empêche de revenir en temps opportun si nous mobilisions, me font hésiter à partir pour Constantinople. Le colonel Hallier me conseille de prendre contact tout d'abord avec l'armée serbe que ses succès à Koumanovo désignent à notre attention. Grâce à notre ministre à Belgrade, M. Descos, je pourrai probablement être admis sur le front. Je m'y trouverai aux premières loges pour être renseigné sur la situation politique et serai par conséquent bien placé pour me mettre en route pour la France, s'il y a lieu, et rejoindre en temps utile. Il me sera toujours loisible de me diriger plus tard sur Constantinople si les circonstances le permettent. Ce raisonnement mérite attention. J'ai la nuit pour réfléchir.

VIENNE-BUDA-PEST

Mercredi 20 novembre.

Je suis décidé à aller en Serbie. A 5 heures du matin, je pars pour Buda-Pest où je m'arrêterai une demi-journée. Je pourrai, de la sorte, effectuer en plein jour le parcours Pest—Semlin et me rendre compte des mouvements de troupes qui s'y opèrent.

En me rendant à la gare, avant de m'embarquer, j'ai rencontré 300 ou 400 réservistes, en civil, avec des paquets sous le bras, qui, précédés d'un gendarme à cheval, et arborant de petits drapeaux aux couleurs hongroises, suivaient la même direction que moi. Ils vont évidemment rejoindre un dépôt stationné de l'autre côté de la Leitha.

Ma chambre, à l'hôtel Hungaria, donne sur le Danube. Le soleil dore Buda et patine en jaune les nouvelles constructions du palais royal. L'hôtel est plein de Magyars. Les séances de la Chambre, actuellement réunie, doivent être tumultueuses, si j'en juge par les discussions passionnées qui éclatent dans tous les coins du salon de conversation et même dans les couloirs.

Beaucoup d'officiers fréquentent également l'hôtel. Ils sont en tenue (car la tenue est obligatoire) et sablent le champagne en joyeuse compagnie. Je n'insisterai pas sur les inconvénients que présente l'uniforme en pareilles circonstances, et je vois d'ici l'indignation de notre presse de province si des officiers français en tenue se permettaient de s'afficher de la sorte. Ici, la chose paraît toute naturelle. Affaire d'habitude. Il ne faut pas croire, d'ailleurs, que le port permanent de l'uniforme développe les qualités militaires et le respect de l'officier. Il permet de constater ses défaillances sans les empêcher. J'ai pu voir à Vienne, pendant mon court séjour, un colonel en compagnie d'une jolie femme, à 10 heures du soir dans un café, et à douze heures d'intervalle, seul cette fois, pénétrant dans un autre café. Ne médisons donc pas de nos habitudes militaires et soyons persuadés que notre corps d'officiers ne le cède en rien, sous le rapport de la dignité, à la plupart des autres.

BUDA-PEST-BELGRADE

Jeudi 21 novembre.

Départ pour Belgrade à 7h 15. Aucun mouvement de troupes sur la ligne (à une voie).

Les voies de garage sont encombrées de matériel vide. Le quai d'India, le seul que j'aperçoive, est dégagé; mais sa plate-forme, absolument nette, ne semble pas avoir encore été utilisée. Un poste de police à la gare d'India, ville qui est, du reste, une grosse garnison. Pas de garde sur la voie ni aux ponts.

J'appréhende d'arriver à Belgrade. Je me demande comment, dans cette ville en état de guerre, je pourrai faire transporter mes bagages, si réduits qu'ils soient; quel logis trouverai-je et comment assurer ma subsistance? Ces préoccupations ne m'empêchent pas d'admirer ce décor de féerie que l'on nomme Peterwardein, les minarets de Semlin et ses coupoles éclatantes de blancheur, la traversée du Danube et la Save débordée.

Mon arrivée à Belgrade me procure une surprise agréable : je trouve un porteur pour mes bagages ; puis une voiture traînée par deux haridelles, qui me conduit à un hôtel où je puis me faire aisément comprendre en allemand. J'ai une chambre très convenable. Ma subsistance assurée, je me lance dans les rues. Elles doivent, par définition, être abandonnées du sexe fort qui, au dire des journaux, est tout entier à l'armée. Quelle erreur profonde !

Belgrade a sa physionomie des jours ordinaires. Beaucoup d'hommes de tout âge dans les rues et les cafés. Ce qui frappe surtout, c'est le nombre considérable de personnes des deux sexes portant les insignes de la Croix-Rouge. Le jardin public, qui s'étend au pied de l'ancienne citadelle, et d'où l'on domine le confluent de la Save et du Danube, est rempli de promeneurs. Seules quelques patrouilles rappellent un peu la situation dans laquelle on se trouve. Elles sont faites par des hommes du troisième ban, en vêtements civils, armés de fusils d'ancien modèle. Presque tous portent le costume villageois qui a un faux air d'uniforme : bonnet de fourrure, veste et culotte de drap brun, espadrilles avec bandelettes sur de gros bas de laine. Les hommes ont l'air d'accomplir un sacerdoce et marchent très dignement, d'un pas lent et cadencé.

De nombreuses charrettes traînées par des buffles aux longues cornes, et transportant des approvisionnements de toutes sortes, se suivent dans un ordre parfait, en conservant des distances absolument régulières.

Toutes les observations que je viens de faire sont à l'avantage des Serbes et me surprennent fort. Je pensais trouver une ville bruyante, un peuple aux instincts méridionaux, impressionnable, exalté par le succès. Je suis en contact, au contraire, avec des gens calmes, conscients d'une force que vient de leur révéler la victoire, mais qui semblent n'en pas vouloir abuser.

Une pluie torrentielle met un terme à mes pérégrinations. L'immense salle à manger de l'hôtel est pleine d'hommes jeunes. Je n'y comprends rien. Je me demande comment l'armée serbe a pu constituer ses effectifs !

BELGRADE

Vendredi 22 novembre.

Je déjeune chez notre ministre, M. Descos, que je n'ai pu rencontrer hier soir. Avec une obligeance dont je ne saurais assez lui être reconnaissant, il me remet une recommandation pour le ministre de la Guerre de Serbie, le colonel Boïewitch, et m'informe de la présence à Belgrade de deux ingénieurs du Creusot qui pourront me donner les renseignements les plus intéressants sur l'emploi de l'artillerie en Macédoine.

La promenade que je fais dans les rues de la capitale me confirme mes impressions d'hier. Les cafés sont pleins d'hommes seuls et de ménages qui lisent les journaux silencieusement et consomment peu. Le calme de tout ce public est inénarrable. Ainsi que l'on me l'expliquera plus tard, pour tout patriote, la *Grande Serbie* est faite : elle serait tentée de négliger cette

Petite Autriche quasi déliquescente, et lui fait attendre sa réponse.

On paraît ici blasé sur les rodomontades autrichiennes et l'on se souvient avec un sourire des croisières menaçantes accomplies en 1909 par les canonnières « K. u. K. » devant la citadelle de Belgrade. Ce n'est cependant pas sur les défenses de la Place que peut reposer la confiance du public, car les vieux murs du fortin qui domine la ville n'ont plus aucune prétention militaire. Les tons chauds des briques dont ils sont construits, les échauguettes qui les dominent sont d'un aspect pittoresque mais nullement menaçant. Leur accès est facile, malgré un poste de soldats du troisième ban, à l'air rébarbatif, dont le costume civil commence à s'égayer de pièces de fourniment prélevées sur les dépouilles turques.

Je me présente au ministère de la Guerre. Je pensais qu'en raison des préoccupations imposées par les circonstances au chef de l'armée serbe, il me serait très difficile et surtout très long d'obtenir une audience. Je me suis trompé singulièrement et je constate une fois de plus qu'*à l'étranger* un officier général français jouit d'une certaine considération. Immédiatement introduit, je reçois du colonel Boïewitch un cordial accueil. Successeur du général Poutnik qui, comme chef d'État-major général, a suivi le roi Pierre aux armées, le colonel Boïewitch est un artilleur. Il est resté pendant de longs mois en mission en France. Il parle parfaitement notre langue. Je lui expose mon vif désir de rejoindre à *Uskub* le grand quartier général. C'est entendu, il va transmettre ma requête à Son Excellence le voïvode Poutnik (1).

Entre artilleurs nous arrivons rapidement à nous comprendre. Nous parlons métier, et je me permets d'interroger le colonel Boïewitch sur certains points qui me tiennent à cœur. Il me confirme les résultats écrasants obtenus par l'artillerie serbe grâce à un tir précis, souvent repéré, et m'en signale la faible consommation de munitions. Le tir des artilleurs turcs a été, par contre, mal réglé en hauteur et en portée. Imbus des méthodes allemandes, ils semblent avoir supposé à leurs adversaires un très grand défilement et recherché l'artillerie serbe à trop grande distance de la crête, ce qui leur faisait attribuer l'intention d'atteindre les échelons et non les canons. Cette erreur d'appréciation a été très favorable à l'artillerie serbe qui, jusqu'à ce jour, n'accuse qu'un commandant de batterie tué et un blessé.

Je dîne à mon hôtel en compagnie des deux ingénieurs du Creusot avec lesquels m'a abouché M. Descos. Leurs récits les plus intéressants portent sur les hauts faits des Serbes à *Koumanovo*.

(1) Le général Poutnik vient d'être fait voïvode (maréchal) à la suite de la victoire de Monastir.

КРАЉЕВСКО СРПСКО

ВОЈНО МИНИСТАРСТВО

ОПШТЕ ВОЈНО ОДЕЉЕЊЕ

ЂЕНЕРАЛШТАБНИ ОДСЕК

Ф/Ђ Бр. 2934

ПРОПУСТНИЦА.

За Француског ђенерала Mr Herr, коме је Господин Министар војни одобрио да може отићи у Скопље и јавити се Врховној Команди.

Ова пропустница важи му и као железничка карта.

10. новембра 1912. године
у Београду.

По заповести министра војног,
начелник,
ђенералштабни пуковник,
Мил. Пацић [?]

КРАЉЕВСКО СРПСКО ВОЈНО МИНИСТАРСТВО

Traduction :

MINISTÈRE DE LA GUERRE

DU

ROYAUME DE SERBIE

PASSEPORT

Le Ministre de la Guerre autorise le général français Herr à se rendre à Skoplje (Uskub) et à se présenter aux autorités supérieures.

Ce passeport servira de carte de circulation sur les voies ferrées.

10 novembre 1912
à Belgrade.

Ils me dévoilent les intrigues suscitées par la concurrence allemande dont les intérêts futurs semblent fortement compromis par le triomphe de nos canons sur les champs de bataille de Thrace et de Macédoine, et qui ont déjà trouvé, paraît-il, des défenseurs honteux à Belgrade.

Je donne rendez-vous à mes nouvelles relations pour assister, demain matin, à l'entrée du roi Pierre.

Samedi 23 novembre.

La ville est pavoisée. Nous nous dirigeons vers le konak en nous laissant conduire par la foule. Le service d'ordre est assuré, sans difficulté, par quelques pompiers. Du haut d'un balcon où viennent nous rejoindre M. H..., du *Matin*, et un publiciste serbe, nous assistons à l'arrivée du cortège royal : un peloton de cavalerie, trois ou quatre voitures, un peloton de cavalerie, quelques acclamations, c'est tout!!

Le flegme serbe me déconcerte de plus en plus, et il me semble que le vengeur de Kossovo et son conseiller, M. Pachitch, auraient mérité des acclamations plus nourries.

Nous déjeunons tous ensemble. La conversation roule naturellement sur les intentions de l'Autriche. D'après l'avis général, l'affaire Prochaska n'était pas sérieuse. C'est un prétexte de bluff et non un *casus belli ;* surtout si l'on tient compte des sentiments pacifiques et humanitaires de l'empereur d'Autriche.

Je reçois à 2 heures, par l'intermédiaire de M. Descos, un laissez-passer que vient de lui adresser le ministre de la Guerre (voir p. 16). J'ai droit au voyage gratuit jusqu'à *Uskub* (en serbe *Skoplje*). Il est décidé que je partirai ce soir, donc pas de temps à perdre. Je me procure un guide parlant serbe et allemand. Peut-être l'emmènerai-je avec moi jusqu'à Uskub. En tout cas, il va me servir de truchement ici. Il me conduit d'abord au konak, où je vais m'inscrire dans l'antichambre du roi Pierre. Puis nous allons à la citadelle.

Nous y pénétrons facilement. Sur le vu de mon laissez-passer, le chef de poste, un civil traînant un grand sabre de cavalerie, me fait escorter par un de ses hommes. J'ai le droit de circuler partout où je voudrai : seul le coin de la citadelle réservé aux galériens et le quartier des prisonniers turcs me sont interdits. J'insiste d'autant moins pour violer cette dernière consigne que la petite vérole fait des ravages, paraît-il, dans les rangs de ces malheureux Turcs.

Comme compensation, je visite la Croix-Rouge russe. Mon drogman me met en contact avec un infirmier, puis avec un médecin. Je parcours les salles occupées par les blessés serbes et bondées de visiteurs : la ville et la campagne se sont donné rendez-vous pour voir parents et amis. Tout ce monde fume et crie.

L'atmosphère est étouffante. Je me fais traduire par le médecin les inscriptions qui sont à la tête de chaque lit. A mon grand étonnement et contrairement aux constatations des guerres antérieures, les blessures provoquées par les shrapnels sont plus nombreuses que celles dues à la balle de fusil.

L'installation matérielle de l'ambulance semble très confortable. Les détails d'organisation sont soignés. La discipline seule laisse à désirer. Détail local : les lits n'ont pas de draps mais simplement des couvertures dans lesquelles s'enroulent les blessés, munis de caleçons par les soins de l'ambulance.

Les blessés turcs sont séparés des blessés serbes et gardés militairement. Je leur distribue des cigarettes. Quand ils savent que je suis un « Fransouski Pacha », ils quittent l'air farouche qu'ils avaient à mon entrée et répondent aux questions que je leur fais poser par un infirmier. Ils se trouvent bien soignés. Ils me saluent militairement quand je les quitte.

Mon guide me conduit visiter le parc où sont alignés les canons et caissons pris aux Turcs à Koumanovo. Ils viennent d'arriver depuis peu, traînés par des buffles, car les chevaux sont rares. Tout ce matériel est en parfait état de conservation, à part quelques boucliers percés par des balles et un canon de montagne démoli par un obus. Aucun accessoire, aucun organe n'a été faussé par les Turcs, qui, dans leur panique, n'ont pas songé à mettre peu ou prou ce matériel hors de service. Les caissons sont pleins : les Turcs ne sauraient donc arguer de leur défaut de munitions pour expliquer leur défaite. Sous la direction d'un officier d'artillerie, des hommes du troisième ban nettoient toutes ces bouches à feu avec le plus grand zèle. Demain, elles pourront, dûment approvisionnées en munitions, entrer en action contre de nouveaux adversaires.

Escorté par les camarades et par mon drogman, je vais, à 18 heures, m'installer dans un compartiment qui m'a été réservé. Je suis muni de provisions ; car, pendant les vingt-six heures que doit durer le voyage, je ne pourrai me ravitailler.

USKUB

Dimanche 24 novembre.

Arrivée à Nish à 6 heures ; arrêt imprévu de deux heures. La ligne est exploitée militairement. La vitesse du train n'atteint pas 20 kilomètres à l'heure. Pendant l'arrêt, les wagons qui semblaient déjà bondés à Belgrade absorbent encore une foule de plus en plus bigarrée : juifs aux longues lévites, juives aux robes de velours, garnies dans le bas de fourrures élimées, soldats à la figure tannée, comitadjis armés jusqu'aux dents, tziganes aux jupes voyantes, paysans aux vestes et aux culottes de bure, paysannes rondes comme des tours. Le spectacle est des plus pittoresques. Toute cette foule grouille sans bruit. On respecte la porte de mon compartiment qui n'est défendue que par une petite étiquette. Nous ne trouverions pas chez nous ce calme et cette discipline populaire après une victoire décisive remportée sur l'ennemi héréditaire.

Enfin le train se remet en marche. La ligne suit la vallée de la Morava. Traversée du défilé de Djep. La voie est gardée militairement par le troisième ban dont les postes sont établis sous des abris de feuillage. Les hommes portent presque tous le costume national : bonnet fourré, veste et culotte de bure brune, sandales en cuir de buffle malgache fixées par des courroies sur d'épais bas de laine ou sur des peaux de mouton.

La ligne est longée par la route qu'a suivie la première armée (1). Cette appellation de route est bien prétentieuse pour une simple piste transformée parfois en mer de boue, et cependant cette sorte de marécage qui rappelle les chemins de terre de la Woëvre en hiver, a été suivi par cinq divisions d'infanterie et tous leurs convois! La somme d'énergie dépensée pour atteindre de pareils résultats est formidable. C'est, à mon avis, un véritable tour de force : il me dispose bien en faveur d'une armée qui a su le réaliser.

A Ristovac, changement de train. Adieu le wagon réservé. Il faut s'installer, au petit bonheur, dans un compartiment déjà plein. Les occupants sont des officiers serbes qui rejoignent le front ainsi que deux professeurs du collège d'Uskub. Mon laissez-passer, que je suis obligé de montrer, révèle ma qualité et ma

(1) La première armée, commandée par le prince héritier, a remporté les victoires de Koumanovo et Monastir.

Cliché Bajlovitz et Tjulovitz, Belgrade

Comitadji,
le défenseur des sujets turcs chrétiens,
le grand Voïvode Gligor Sokolovitch,
tué le 30 juillet 1910 (p. 24)

nationalité et me vaut les sympathies de mes compagnons de route. L'un des professeurs connaît Paris en général et Montmartre en particulier. Les plus purs néologismes sont de sa compétence. Je suis obligé de me livrer à des efforts de mémoire pour me mettre à l'unisson et ne pas paraître ignorer ma langue. On fusionne. Au passage de l'ex-frontière, mes compagnons boivent à ma santé et à la France. Je réplique en buvant à la Serbie. Tous ces toasts se font au moyen d'un verre unique où nous barbottons successivement dans l'ordre protocolaire.

A la gare d'Uskub, que nous atteignons vers 20 heures, je trouve M. Carlier, notre consul. Il m'offre l'hospitalité chez lui, car l'hôtel d'Uskub — et quel hôtel! — ne peut plus recevoir de voyageurs. J'accepte sans vergogne.

Lundi 25 novembre.

Je suis installé dans une grande chambre dont le parquet conserve les traces des événements plus ou moins tragiques qui se sont déroulés à Uskub pendant ces dernières semaines. Au moment de la bataille de Koumanovo, un grand nombre de chrétiens et de protégés français s'étaient réfugiés au consulat. M. Carlier avait organisé la défense, en armant ceux des réfugiés qui présentaient les plus grandes garanties de courage. Les hommes d'un côté et les femmes de l'autre avaient été empilés dans des dortoirs. Ma chambre avait servi aux femmes. Après l'entrée des Serbes, chacun était rentré chez soi. Une désinfection par les procédés les plus violents était, paraît-il, indispensable. Leur emploi, dont les lames de mon parquet portaient encore les traces, démontrait qu'en Orient tout au moins, le beau sexe n'allie pas toujours la propreté à la grâce.

Les armes employées pour l'organisation de la résistance provenaient en partie de soldats turcs chrétiens qui les avaient rendues au consul pour ne pas combattre leurs coreligionnaires. Dans les munitions livrées avec les armes se trouvaient plusieurs chargeurs garnis de balles dum-dum. L'évidement de ces balles était très régulier et avait été fait, certainement, à la machine.

Ma première sortie est pour notre Croix-Rouge que je visite avec le consul. Le personnel français comprend : deux médecins, deux chirurgiens, un aumônier et quatre sœurs. Quelques Serbes, employés comme truchements ou comme infirmiers, le complètent et permettent d'assurer le service dans des conditions très satisfaisantes. Grâce au zèle et à l'ingéniosité déployés par tous, l'école où est installée l'ambulance a été nettoyée et aménagée de coquette façon. Le drapeau tricolore flotte au-dessus de la porte. On se sent chez soi.

L'observation que j'avais faite à Belgrade sur le nombre plus grand de blessures par les shrapnels que par la balle de fusil, m'est confirmée. Les premières ont, en général, un vilain aspect, surtout celles d'entre elles qui sont dues à des morceaux de ceintures. Elles immobiliseront pendant longtemps leurs victimes.

Nos chirurgiens sont très satisfaits de la façon dont les soldats serbes ont été pansés sur le champ de bataille : les pansements ont, en général, bien tenu. D'autre part, grâce aux deux paquets de pansement dont dispose chaque soldat serbe, certains pansements ont pu être remplacés en cours de route, quelquefois par des soins réciproques de blessés à blessés et sans intervention du personnel sanitaire.

La situation n'est pas la même pour les blessés turcs dont les plaies ont été pansées avec des linges malpropres, quelquefois avec des morceaux de bachelik (1) souillés de déjections. Aussi ces blessures ont-elles un fort vilain aspect et nécessitent fréquemment des interventions chirurgicales.

En sortant de l'ambulance, je vais me présenter au grand quartier général. Le voïvode Poutnik est malade.

---

(1) Le bachelik est un capuchon muni de longues et larges brides, employé par toutes les troupes des Balkans.

Je suis reçu par le général Michitch, nouvellement promu sous-chef d'État-major général (1).

Physionomie extrêmement intelligente et sympathique, très jeune d'aspect ; il a été en toutes circonstances, avant et après la déclaration de guerre, un précieux collaborateur pour son chef. Son accueil est des plus courtois. Je lui demande de me laisser visiter le champ de bataille de Koumanovo, ce qu'il m'accorde sans hésiter. Pour que cette visite soit plus fructueuse, il va faire venir de Monastir deux officiers qui ont assisté à la bataille et qui me serviront de cicerones. En attendant, il met à ma disposition un officier de son état-major et me prie de considérer sa table comme la mienne. J'accepte cette invitation avec gratitude (les vivres sont rares, le bois se paie au poids de l'or ; plus de sel ni de sucre. Je suis donc heureux d'alléger les charges que, malgré moi, j'impose au consul).

A ma sortie du quartier général devant lequel stationnent des voitures de place — et quelles voitures de place ! — ainsi que des autos (je me demande par quelle voie elles ont pu venir ici et à quoi elles peuvent servir), nous allons, le consul et moi, escortés

(1) Avant la guerre, l'armée serbe ne comprenait que trois généraux. Après Koumanovo, il en a été nommé cinq, dont le général Michitch. Le roi Pierre a exigé en particulier la nomination du colonel sur les instances duquel avait été adopté le matériel du Creusot, malgré les intrigues du parti inféodé à la maison Krupp.

d'un de ses cawas en armes, faire un tour en ville. Notre escorte n'est peut-être plus absolument nécessaire dans les rues d'Uskub ; néanmoins, comme on n'est jamais sûr des sentiments des Albanais et qu'un mauvais coup est vite donné, il est plus prudent de se faire accompagner d'un porte-respect. C'est pour cette raison que tous les chefs de l'armée, qui ne circulent du reste qu'en voiture, ont sur le siège, à côté du cocher, un soldat, le mousqueton ou le fusil entre les jambes. Chaque consulat est gardé militairement par un poste de soldats serbes qui complète la protection que lui donnent déjà l'armement de ses cawas et le prestige de son drapeau.

La ville d'Uskub, qui comptait avant la guerre environ 50.000 habitants, était le chef-lieu du vilayet de Kossovo et le siège du 7e corps d'armée. Elle est à cheval sur le Vardar : sur la rive droite, le quartier européen, les consulats et la gare ; sur la rive gauche, la ville turque et tzigane. Le Vardar est actuellement très fort : ses eaux limoneuses ont une vitesse qui peut atteindre 4 mètres dans le thalweg. Les rives sont reliées par un pont de pierre et une passerelle, pour piétons et voitures, et par un pont de chemin de fer. Ce dernier a son histoire : les Turcs, au moment de la déroute, avaient bourré les puits de mine avec de la dynamite qu'ils ont essayé de faire exploser en l'arrosant de pétrole. Il est inutile de dire que la dynamite ne s'est pas prêtée à cette manœuvre et que le pont est resté indemne, très heureusement pour les Serbes dont le ravitaillement aurait été singulièrement gêné par cette destruction.

La ville est dominée par d'énormes casernes et par l'hôpital. Ce dernier est, paraît-il, d'une saleté indescriptible. Le matériel qu'il contient, d'origine allemande, est presque hors de service par un manque absolu d'entretien.

Ce qui frappe, quand on se promène dans les rues, c'est que, tout en étant en pays turc, on n'aperçoit plus que quelques très rares fez. C'est la peur qui, au moment de l'entrée des Serbes, a fait disparaître cette coiffure désignant aux giaours des ennemis irréductibles. A ce moment, toutes les chapelleries ont été prises d'assaut; chapeaux, casquettes de toutes formes ont fait prime et sont venus compléter, d'étrange façon, des costumes orientaux.

La circulation dans les rues est considérable. Beaucoup d'officiers en très bonne tenue. Quelques soldats isolés à la capote brune ou bleue, suivant qu'ils appartiennent au deuxième ou au premier ban. Passent de nombreux détachements, l'arme à la bretelle, à un pas cadencé très lent, scandé par un petit tambour qui marche à hauteur du milieu de la colonne. Les compagnies sont fortes : 200 hommes au moins dans le rang. Les présents ont bonne mine. A voir cet excellent état, on se fait difficilement à l'idée qu'ils ont presque continuellement bivouaqué, depuis le début de la guerre, par des pluies persistantes. Cette résistance ne peut s'expliquer que par la pureté du sang et la sobriété.

La population indigène est très bigarrée comme race et comme costume. Le regard est surtout attiré par l'Albanais au costume blanc, par le tzigane aux culottes collantes et de couleur voyante, par le pope aux longs cheveux nattés et au col gras. Tout ce monde semble vivre en bonne intelligence, car on n'entend aucune discussion, on n'assiste à aucune querelle.

De longues files de charrettes se dirigent de la gare vers Prilep. Elles sont pleines et transportent surtout du foin en balles pressées. D'autres voitures, vides, rétrogradent, semble-t-il, dans la direction de Koumanovo. Elles sont attelées avec des bœufs et surtout des buffles aux longues cornes pointues. Leur voie est assez faible; pour augmenter leur capacité de chargement sans diminuer leur stabilité, le coffrage de la voiture repose par des jambes de force sur l'essieu prolongé au delà des roues.

Les chevaux, que l'on rencontre en petit nombre, sont réservés à la cavalerie, à l'artillerie et aux trains régimentaires. La remonte achète ses chevaux, partie en Hongrie, partie en Serbie où, paraît-il, on arrive à produire maintenant des animaux de taille satisfaisante.

Il n'en est pas de même des chevaux du pays, petits criquets nerveux qu'on utilise exclusivement comme animaux de bât. Les haras auront beaucoup à faire dans ces contrées pour créer une race propre au trait. Mais le problème ne se posera pas de quelques années. Il faudra, auparavant, doter le pays des routes qui lui font absolument défaut.

Je passe mon après-midi à étudier les documents de toute nature et les renseignements que j'ai pu recueillir sur les opérations en Macédoine. Ce pays est une vraie tour de Babel : les mêmes localités ont trente-six noms qu'on écrit en caractères cyrilliques, allemands, turcs, etc...

Le soir, le capitaine Georgewitch, qui a été attaché à ma personne, vient me prendre en voiture avec un homme d'escorte pour me conduire au mess des officiers. Ce mess est installé dans une immense salle de café que garnit une table en fer à cheval. Le général Michitch préside. Je lui fais vis-à-vis. Je suis honteux de mon veston de voyage au milieu de tous ces uniformes. Une très bonne musique d'un régiment de cavalerie se fait entendre pendant tout le repas. Il est très copieux. La cuisine serbe met tout d'abord mon palais à l'épreuve : je m'y fais et elle me plaît. Mon voisin de droite est un colonel d'état-major actuellement gouverneur d'Uskub : il a été deux fois ministre de la Guerre. A ma gauche, l'inspecteur général

Cliché Rajkovitz et Tjukovitz, Belgrade

USKUB — VIEILLE FORTERESSE DU CAR DOUCHAN (p. 30)

d'artillerie : colonel Miloviewitch. En sortant de table, je fais la connaissance du directeur du service de santé et de l'inspecteur général du génie, le colonel Ilitch. Je ne saurais assez me louer de toutes les prévenances dont je suis l'objet et de l'obligeance avec laquelle on répond à mes nombreuses questions. Tout le monde parle correctement soit français, soit allemand. Après dîner, de crainte d'être importun, je rentre chez le consul qui me fournit des renseignements très intéressants sur la marche des opérations et sur les événements qui se sont déroulés à Uskub lors de la révolte albanaise et après Koumanovo.

Tout d'abord, je suis frappé par les écarts considérables entre les effectifs attribués par l'État-major serbe à l'armée turque de Macédoine et entre ceux qu'indiquent les documents autrichiens (*Militärische Rundschau*) que j'ai pu me procurer lors de mon passage à Vienne. Ni les uns ni les autres ne concordent, du reste, avec ceux que me donne M. Carlier, lequel est mieux que tout autre au courant de cette question, puisqu'il a assisté à la concentration de l'armée turque et qu'il a été en contact avec la plupart de ses chefs. Ces divergences s'expliquent d'une part par le désir des Serbes de grossir leur succès en enflant les forces adverses, d'autre part par l'intention des Autrichiens de le diminuer en réduisant les effectifs des vaincus. Je crois que l'histoire de cette guerre sera bien difficile à faire et qu'une sage méfiance s'imposera, dans bien des circonstances, à ses historiens.

La panique de Koumanovo a commencé par la fuite éperdue de la division de rédifs d'Uskub. Le pacha qui la commandait aurait pris, dit-on, la tête des fuyards, ce qui lui aurait valu, toujours d'après les « on-dit », son rappel à Constantinople et sa comparution devant la cour martiale. Il devait sa fortune militaire à la politique. Cet exemple démontre, une fois de plus, qu'il faut éviter d'employer les formations de réserve tant qu'elles n'ont pas acquis une cohésion suffisante, et que, d'autre part, les politiciens sont bien rarement de bons chefs militaires.

Les fuyards de Koumanovo arrivèrent en une seule traite à Uskub. Ils s'étaient ressaisis, lorsque des coups de fusil tirés par des Albanais, des cris annonçant l'arrivée des giaours provoquèrent une deuxième panique. Un colonel qui veut barrer la route aux fuyards est tué sur le pont du Vardar. Les canonniers coupent les traits de leurs chevaux et abandonnent leurs pièces (1). Le vali, considérant la partie comme perdue, veut aller prendre le train pour Salonique; mais son cocher est tué : il est assez heureux pour se réfugier au consulat de Russie. De là, escorté par les

(1) Une batterie d'obusiers de 120 est ainsi abandonnée devant le consulat de France.

représentants de la France et de la Russie, il peut rejoindre le dernier train en partance où, sur les représentations de notre consul, les occupants d'un compartiment se décident à accepter le représentant du pouvoir central. Pendant que cet événement se produisait, le drogman de notre consulat faisait évacuer, à l'aide de quelques tziganes racolés de gré ou de force, un magasin à munitions menacé d'incendie et sauvait la ville de la destruction.

J'espère que M. Carlier et son dévoué subordonné ont été récompensés par leur département d'un dévouement et d'un courage qui ne se sont pas démentis un seul instant depuis que l'Albanie est en feu. C'est certainement le vœu de tous ceux qui les ont approchés et appréciés.

Mardi 29 novembre.

Au saut du lit, visite à la Croix-Rouge et distribution de cigarettes. Il y a un nouvel arrivage de blessés. Cette race serbe est merveilleusement résistante. Parmi ces hommes, plusieurs sont restés à la bataille de Monastir, pendant toute une journée, avec de l'eau jusqu'à la poitrine. De nombreux blessés se sont noyés dans les marais du Kara-Sou. Mais aucun des évacués n'est enrhumé. Par contre, ils sont couverts de vermine, et le nettoyage initial est œuvre méritoire pour tout le personnel de l'ambulance. Les plaies, à de très rares exceptions, ont bon aspect. Les blessures de shrapnels continuent à être en majorité.

Avant d'aller déjeuner avec l'État-major, je me dirige vers le terrain de manœuvre où évoluent plusieurs compagnies serbes des 1er et 2e bans. Presque tous les hommes ont abandonné le soulier réglementaire pour revenir à la chaussure nationale. L'*opchanka* est une sandale en cuir de buffle (le zébu de Madagascar est le plus prisé) à peine apprêté et encore muni de ses poils. Ces sandales sont retenues à la jambe recouverte d'épais bas de laine, quelquefois de peaux de mouton, par des tresses de laine. L'homme répare lui-même ses chaussures avec quelques bouts de cuir de rechange qu'il porte dans son sac. Ce mode de chaussures présente toutes sortes d'avantages dans un pays où les routes sont des cloaques où on laisserait enlisés dans la boue bottes et souliers à lacets. Ces chaussures se sèchent facilement ; avec elles, ni rhumes, ni blessures aux pieds.

Le fantassin porte sa charge dans un sac en sparterie qui appuie sur les reins et qui est retenu par des courroies en étoffe. Ce sac paraît peu rempli. Il manque évidemment d'élégance ; mais, réduit comme poids à sa plus simple expression, il permet à l'homme de porter avec lui 250 cartouches.

Enfin, le soldat serbe dispose d'un accessoire que nos soldats auront peut-être à lui envier : c'est la *tente-abri* dont on a tant médit après 1870 et qui, cependant, rend de réels services à la troupe obligée de bivouaquer. Dans l'armée serbe, en cours de route ou à l'arrêt, la toile de tente est employée comme manteau de pluie, et, combinée avec le bachelik, complète la défense de l'homme contre les intempéries. Elle constitue évidemment un vêtement disgracieux, mais elle protège bien l'homme et conserve les effectifs. Ce que nous en voyons ici est la meilleure des démonstrations.

Les exercices à rangs serrés auxquels j'assiste témoignent, surtout dans les unités du 2e ban, d'une instruction militaire peu développée. Les ruptures manquent de précision. Les ploiements et déploiements de la compagnie montrent une très grande inexpérience qu'expliquent un service à court terme et, pour les régiments du 2e ban, un encadrement en nombre tout à fait insuffisant. Les exercices en terrain varié sont mieux exécutés. Quoi qu'il en soit, ces troupes ont été victorieuses ; ces succès ne peuvent être attribués qu'à la valeur des officiers et des cadres subalternes, à l'organisation, à la discipline, à l'endurance, à la sobriété de la troupe. Pour tous les Serbes, la guerre contre les Turcs est une véritable croisade. Les jeunes et les vieux, les grands et les petits, ne songent qu'à se battre. Dans les ambulances, les blessés aspirent à quitter leur lit pour se mesurer de nouveau avec l'ennemi. Je dois ajouter qu'après Monastir, c'est-à-dire quand l'ennemi héréditaire a été vaincu, cette haine a semblé se retourner contre l'Autriche. Je suis persuadé que si cette nation mettait à exécution ses menaces, les Serbes, dépenaillés, seraient de rudes adversaires pour les impériaux gantés de frais, aux culottes collantes et à la raie impeccable.

Je prends contact avant déjeuner avec le colonel Miloviewitch. La bataille de Monastir et le rôle de l'artillerie sont nos principaux sujets de conversation. La faible consommation de munitions (100 coups environ par canon) pendant la bataille de Koumanovo, dont m'avait déjà parlé le ministre de la Guerre, m'est confirmée. Ce résultat remarquable témoigne en faveur de l'instruction des artilleurs serbes qui, suivant en cela nos errements, font un large emploi du repérage du champ de bataille : ils ont obtenu ainsi une instantanéité de résultats qui a provoqué la démoralisation, puis la panique de l'infanterie turque.

Dans l'après-midi, nous prenons une voiture de place, le consul et moi, et, sous l'escorte d'un cawas, nous allons visiter les défenses d'Uskub (forts de Brialmont) vers Koumanovo, puis vers Egri-Palanka. La piste que nous parcourons tout d'abord est la route d'étape suivie par la 1re armée. Les roues de notre voiture, très légère cependant, enfoncent jusqu'au moyeu. Nos deux chevaux procèdent par bonds successifs. Toutes les dix minutes, le cocher les laisse souffler. Pour les remettre de leurs fatigues, il leur frotte les oreilles entre ses deux mains! Nous longeons, puis nous croisons de longues files de voitures attelées de bœufs et surtout de buffles. Ces derniers animaux craignent le froid; par contre, habitués à vivre dans des endroits bas et marécageux, ils ont très bien supporté les fatigues de la campagne qui, jusqu'à présent, s'est déroulée dans la boue, par des pluies presque continuelles. Les déchets ont été plus considérables pour les bœufs qui ont cependant la réputation d'être plus rustiques que les buffles.

Au retour, le consul reçoit de nombreuses visites auxquelles il offre le thé et les quelques morceaux de sucre qu'il a pu difficilement se procurer grâce à ses hautes influences. Ces visiteurs sont des Bulgares de passage, anciens agents consulaires. L'un d'eux rejoint en Macédoine une ville dont j'ai oublié le nom, et dont il a été nommé préfet. On m'avait présenté, dans la journée, un Serbe nommé préfet dans la même localité. Ce fait semble montrer que le partage entre les alliés n'était pas fait à l'avance, et qu'en tout cas, leur accord n'est pas complet.

Je fais également la connaissance du nouveau consul

général serbe de Salonique. L'homme respire l'énergie. Ancien préfet de Belgrade, c'est, paraît-il, un grand ami de M. Pachitch. Le poste qu'il va occuper a donc, aux yeux des Serbes, une grande importance pour qu'on y mette un tel personnage.

Dîner à la table du quartier général. Un de mes voisins complète les renseignements que j'ai déjà recueillis sur le rôle de l'artillerie serbe, et notamment sur celui des pièces lourdes à la bataille de Monastir. Il me remet le croquis d'une batterie turque commandée, dit-on, par un officier allemand, et dont trois pièces auraient été réduites au silence par des canons de 120 tirant à grande distance; la quatrième pièce, éloignée des trois premières, et échappant par son fort défilement aux recherches de ses adversaires, aurait, par la vitesse de son tir, fait croire, à des observateurs mal renseignés, à l'inefficacité du feu de la batterie serbe, dont l'effet a été plus tard constaté d'après les détériorations subies par le matériel et d'après les cadavres abandonnés par les Turcs. Cette indication est du plus haut intérêt et semble faire présager pour l'artillerie lourde un rôle inconnu jusqu'à ce jour ou tout au moins oublié. Elle est d'accord avec le raisonnement le plus élémentaire, car il ne semble pas douteux qu'une artillerie à longue portée rencontrera, même dans la guerre de campagne, des occasions fréquentes de prendre barre sur une artillerie à portée moyenne, comme un duelliste muni d'une grande rapière sur un adversaire muni d'une épée de cour. Nos pères devaient raisonner de la sorte quand ils ont adjoint le 12 au 4 de campagne.

Mercredi 27 novembre.

Visite journalière à la Croix-Rouge. Les blessures me semblent, à part deux ou trois, évoluer d'une manière satisfaisante. J'assiste à une scène touchante : un vieux paysan est venu rendre visite à son fils qui a eu la main droite déchirée par une balle de shrapnel. Il lui tient la main gauche; aucun d'eux ne dit mot : ils se comprennent sans se parler.

Dans l'après-midi, nouvelle sortie en voiture avec le consul et notre escorte habituelle. Nous poussons une pointe aussi lointaine que possible dans la direction de Prizrend. Les difficultés de parcours sont les mêmes que la veille : le tracé de la route se perd parfois sur les mamelons pierreux, reparaît sous forme de piste défoncée dans les bas-fonds, traverse des gués bourbeux. Nos vaillants petits chevaux nous sortent de ces mauvais pas par un vigoureux coup de collier. Il est inutile de dire que pour franchir ces obstacles, nous nous livrons à une gymnastique que ne comporte pas habituellement une promenade en voiture : nos bras travaillent également et nous restons maîtres de la situation à la force du poignet.

Ces petits ennuis sont compensés par le spectacle. Je ne veux pas dire que la campagne soit belle et riante. Si la terre est grasse et promet de riches récoltes dans l'avenir, elle présente actuellement un aspect de désolation. Les Albanais ont passé par là; les villages ont été ravagés, partiellement détruits, beaucoup de terres sont en friche. Les repaires de ces brigands ne sont pas loin d'ici. Ils sont cachés derrière la chaîne du Kara-Dagh que la transparence de l'atmosphère rapproche de nous à nous faire croire que nous allons la toucher de la main. Aussi, bien que les Serbes aient apporté ici une paix que chacun apprécie, la population, si souvent maltraitée, n'a pas encore repris confiance : personne dans les campagnes, à l'exception de quelques rares bergers qui portent le fusil en bandoulière.

Nous arrivons, au déclin du jour, à une grande villa. Elle appartient, paraît-il, à un bey d'origine albanaise qui occupe en Asie Mineure une haute situation administrative. Depuis son départ, sa maison est abandonnée, ce qui nous permet de la visiter tout entière et de parcourir le haremlik. Quel changement! les belles odalisques sont remplacées par un bataillon serbe du troisième ban. Son chef, un vieux commandant retraité, aux cheveux blancs, à la figure martiale, nous en fait les honneurs. Il nous présente sa troupe, en costume de bure. La discipline de ces vigoureux paysans est parfaite et n'a d'égale que leur endurance. Au dire de son chef, cette troupe, qui arrive de Semendria, faisant des étapes journalières de 40 kilomètres et bivouaquant presque chaque soir, n'a laissé qu'un homme en route.

Notre retour à la nuit tombante est des plus mouvementés. J'admire notre cocher qui, par l'obscurité, sait retrouver la piste et les gués si difficiles à voir en plein jour. Nous rentrons sans encombre.

Je tiens à rendre, dans la mesure du possible, les nombreuses politesses qui m'ont été faites. Aussi ai-je invité pour ce soir le général Michitch et les chefs de service à un dîner que je présiderai avec le consul. Grâce à son drogman, qui est aussi débrouillard que courageux, je puis offrir, à l' « Hôtel de la Liberté », un repas à la mode serbe avec vins français.

Le général Michitch ne peut être des nôtres. Il est en deuil de son gendre qui vient d'être tué à Koumanovo; je comprends, d'autre part, bien que son urbanité l'empêche de le dire, que ses occupations sont trop absorbantes pour qu'il puisse me consacrer une soirée. Son absence regrettée n'empêche pas ses subordonnés d'apprécier les vins de France qui resserrent entre nous les liens de la fraternité d'armes. Je serais désolé si l'on venait à croire que ce liant est dû à quelques écarts de régime. Le Serbe joint à d'autres qualités une sobriété exemplaire. Pendant mon court séjour en Serbie et en Macédoine, je n'ai pas vu un ivrogne. Faut-il attribuer cet heureux résultat à l'exemple des mahométans auxquels ces populations ont été mélangées pendant des siècles? Notre conversation effleure des sujets trop délicats pour être relatés ici. Un mot du menu : beaucoup de porc, des concombres sous différentes formes, des oignons et des pommes, le tout assaisonné de paprika. Une pareille cuisine, qui met en feu la bouche et les entrailles, rend encore plus méritoire la sobriété de la race serbe. Il est vrai de dire que le vin du pays est si épais et si chargé en couleur qu'on ne saurait songer à le boire pur pour éteindre cet incendie.

Jeudi 28 novembre.

Mes communications avec la France sont coupées. Je ne reçois pas de lettres. Mes télégrammes, dont l'expédition est aimablement surveillée par l'officier chargé de la censure, sont sans réponse. D'après les rumeurs mises en circulation, l'affaire Prochaska prendrait une ampleur qu'on ne pouvait prévoir. Ce ne serait plus du bluff, mais une querelle d'Allemand. Je crois donc prudent de ne pas prolonger mon séjour ici, je ne veux pas non plus rester plus longtemps à la charge de l'État-major en abusant de l'hospitalité du consul. Je demande donc au général Michitch de visiter le champ de bataille de Koumanovo le lendemain, même si les cornacs qu'on m'a promis ne sont pas arrivés de Monastir. J'avais cultivé l'idée de pousser ensuite sur Salonique par la vallée du Vardar. Mais il ne faut pas y songer. Les Turcs, plus heureux qu'à Uskub, ont pu détruire un pont sur cette ligne qui est coupée à quelque vingt kilomètres au nord de Salonique. Il ne saurait, d'autre part, être question d'aller jusqu'à Monastir. Les communications depuis Kuprulu sont très lentes et très difficiles, et je courrais le risque de m'y faire bloquer en cas de complications diplomatiques. Le plus sage est donc, après Koumanovo, de me replier sur Belgrade, puis de tâcher de rejoindre Constantinople par Constanza. Ce plan reçoit l'assentiment de mon interlocuteur : il est entendu que mon pseudo-officier d'ordonnance va régler tous les détails de l'expédition, retenir un logement à Koumanovo, et y envoyer, en une étape, des chevaux pour nous ainsi qu'une bonne escorte. Cette précaution, qui est superflue ici, est indispensable dans ces parages là-bas, où l'on fait toujours le coup de feu entre comitadjis et Albanais.

Dans l'après-midi, longue conversation avec les camarades de l'État-major. Suivant eux, la Serbie ne peut capituler devant toutes les exigences de l'Autriche : pour elle, un port sur l'Adriatique est une question vitale. La troisième armée, qui est à Durazzo (baptisée déjà Drach par les Serbes), s'occupe de s'y maintenir. Seule, la question albanaise peut être discutée : mais l'autonomie de cette contrée, autonomie qui va être mise probablement sur le tapis, est une utopie peut-être voulue. Pour qui connaît l'Albanais, à la taille fine, aux larges épaules, mais orgueilleux, violent, et logeant dans sa belle tête une petite cervelle, cet agglomérat, qui sera toujours soumis à des influences étrangères et antagonistes, n'a aucune chance de subsister. N'est-ce pas cette fragilité et les complications qu'elle entraînera qui ont déterminé la diplomatie autrichienne à une pareille conception ? On ne voit ici qu'une solution à la question : aux Serbes, l'Albanie sans Albanais. Les uns voudraient arriver à cette suppression en douceur par la fusion des races, et y mettraient le temps ; les autres, partisans de la manière forte, préconisent des procédés plus rapides et plus énergiques. Ces derniers font ressortir la mauvaise foi de cette population, les meurtres et les traîtrises qu'elle a à son actif, et demandent son extermination. Heureusement pour elle, en Serbie comme partout ailleurs, les violents constituent une infime minorité.

Les méfaits des Arnautes que je viens de constater de nouveau dans la campagne, les récits qui m'ont été faits sur l'invasion albanaise en 1909, sur l'occupation d'Uskub par les Albanais après Koumanovo, sur les guets-apens qu'a subis l'armée de Jankowitch m'obligent à reconnaître que, malgré sa férocité, la solution de force a quelques arguments sérieux en sa faveur.

Je consacre mon après-midi à parcourir le vieil Uskub, la ville turque, ses souks ainsi que la ville tzigane. Beaucoup de couleur locale, duc aussi bien aux choses qu'aux êtres. La crainte de l'Albanais se traduit par des précautions qu'on ne rencontre pas généralement en Orient : le moindre marchand a un coffre-fort où il renferme son argent et sa marchandise la plus précieuse, il est ainsi à l'abri des harkas albanaises, beaucoup moins bien outillées que nos cambrioleurs; la peur de l'incendie a fait construire des entrepôts souterrains à l'épreuve du feu, dans lesquels sont déposées les marchandises volumineuses moyennant une faible rétribution.

Les marchés commencent à s'alimenter; on y voit des oignons gigantesques, des montagnes de pommes, des concombres extraordinaires. De petits ânes y apportent d'énormes charges de bois que surmontent des paysans en cafetan coiffés rarement du fez, plus souvent de la petite calotte albanaise, de casquettes d'automobiliste ou d'amiral suisse. Parfois, la femme suit en serre-file. Je pense à notre bon La Fontaine.

Si séduisant que soit ce spectacle, je crois devoir m'en arracher pour finir mes pèlerinages aux ambulances de la Croix-Rouge. Ainsi qu'à Belgrade, il me semble convenable de rendre visite à la Croix-Rouge russe. Je parcours les salles de la section de Moscou et fais ma distribution habituelle de cigarettes. Je ne puis, faute de temps, rendre les mêmes politesses aux deux autres installations russes. Elles sont toutes les trois très largement dotées en personnel et en matériel et pourraient nous servir d'exemple pour bien des questions de détail. A signaler, en particulier, la façon toute pratique dont sont emballés, dans des coffres à tiroir, les médicaments et le matériel médical, ce qui rend inutile leur déballage et permet leur mise en action immédiate.

Le soir, grand dîner en mon honneur au mess du quartier général. Échange de toasts (1) et d'hymnes nationaux. Je ne saurais trop me féliciter des relations que j'ai eues avec l'État-major serbe, que je quitte à regret.

Avant notre coucher, M. Carlier me raconte l'odyssée des consuls à la recherche de l'armée serbe qui, vic-

(1) Sans les effusions tumultueuses relatées à tort par certains journalistes mal renseignés.

Cliché Rajkovitz et Tjukovitz, Belgrade

BATTERIE TURQUE ABANDONNÉE A LA POSITION DE RACHTANI, PRÈS DE BITOL (p. 40)

torieuse à Koumanovo, hésitait à continuer sa marche sur Uskub où elle croyait que s'était concentrée la défense turque. Cette démarche des consuls, qui n'était pas sans présenter des dangers, puisqu'elle se faisait sous une pluie torrentielle de plusieurs heures et, comme compensation, sous le feu des Albanais, eut également sa note gaie : aux avant-postes serbes, un sergent fit descendre tous les diplomates de leurs voitures et les obligea à se bander les yeux. Les mouchoirs de ces messieurs lui ayant semblé insuffisants pour assurer le secret des opérations de l'armée serbe, il crut nécessaire de les doubler au moyen des mouchoirs qu'il put trouver dans son détachement. Je n'ai pas besoin d'insister sur l'amertume d'une pareille obligation, si l'on tient compte du fait que les mouchoirs serbes avaient déjà deux mois de campagne.

USKUB-KOUMANOVO

Vendredi 29 novembre.

Je suis conduit à la gare par le consul et le drogman. L'État-major serbe vient m'y faire ses adieux et me fait visiter, avant le départ du train, un parc de voitures d'artillerie et du train capturées sur les Turcs et entreposées le long de la voie ferrée. Tout ce matériel porte d'une façon très apparente le croissant, comme si ce signe devait le préserver de la mauvaise chance. Remarqué une petite voiture à deux chevaux transportant 36 cartouches de 75, et entrant dans la composition des colonnes de munitions. Elle paraît assez mal construite et de faible rendement.

Je m'installe, avec le capitaine Georgewitch, dans le wagon ministériel qui restera à ma disposition sur la partie du réseau exploitée militairement, c'est-à-dire jusqu'à l'ancienne frontière. Un maître d'hôtel, qui nous versera d'heure en heure d'excellent café turc, assure notre service. Dans un coin est un panier contenant des vins de la cave royale. Enfin, le capitaine Georgewitch déballe à mon usage tout un équipement (bandes molletières, capote turque, caoutchouc), qui est destiné à compléter mon costume de touriste pour la chevauchée projetée.

Nous traversons à petite allure des villages dévastés. C'est la guerre dans toute son horreur : les maisons sont brûlées; quelques chiens errants. On ne voit plus d'habitants.

La route de Nish, que nous longeons, est suivie par de nombreux chariots-convois. Il n'est pas douteux qu'un grand mouvement se prépare. Toute l'artillerie lourde est arrivée à Koumanovo ou à Uskub, venant de Monastir. Ses chevaux, dont j'ai vu hier une partie et dont j'aperçois le reste campé le long de la voie ferrée, paraissent fatigués. Dans les colonnes qui vont à l'abreuvoir, beaucoup d'animaux boiteux. Rien d'étonnant à cela, car depuis près de deux mois, cette cavalerie a passé toutes les nuits en plein air, sous des pluies continuelles, avec une nourriture insuffisante. Les chevaux, en tout cas, sont en moins bon état que les hommes. Il faut dire qu'ils ne sont pas soutenus par le patriotisme.

Pendant le trajet, j'ai une longue conversation avec mon guide. Officier de réserve, M. Georgewitch était, il y a deux ans encore, capitaine d'artillerie. Fils d'un ancien ministre plénipotentiaire, il se destine également à la diplomatie ; il suivait, avant la guerre, les cours de notre École des hautes études politiques. Il a été, pendant la campagne, chargé des relations avec la presse. A mon arrivée, les opérations étaient à peu près terminées ; la plupart des correspondants de journaux se sont dispersés, ce qui a enlevé au service de la presse une grande partie de son importance : le capitaine Georgewitch a pu en être distrait pour me renseigner un peu, puis pour m'accompagner. Je pense avantageux de profiter de notre tête-à-tête prolongé et d'escompter une indiscrétion auprès des journalistes auxquels je me suis dérobé, pour détruire une version d'après laquelle je serais venu à Uskub avec une mission de mon Gouvernement. Ainsi que d'autres entretiens me l'ont déjà fait comprendre, on ne peut admettre ici que j'effectue de ma propre initiative et sans profit un voyage plus ou moins périlleux et en tout cas très onéreux. De là à conclure que j'ai une mission militaire, peut-être même diplomatique, il n'y a qu'un pas (1).

(1) Cette opinion est certainement partagée par beaucoup d'autres : elle expliquerait pourquoi je suis espionné par un agent d'une puissance étrangère, pourquoi mes télégrammes et ma correspondance sont interceptés. Plus tard, les instructeurs et correspondants allemands à Constantinople m'attribueront successivement une mission diplomatique, puis militaire.

Mes dénégations ne font en général que confirmer mes interlocuteurs dans cette idée. Ce résultat m'amène à formuler cet apophtegme d'ordre diplomatique : « Le meilleur moyen de dissimuler la vérité est de la clamer sur les toits. » La parfaite urbanité de mon compagnon ne lui permet pas de témoigner ses doutes : mais je m'aperçois que mes assertions ne l'ont pas convaincu, car la conversation est remise par lui sur la situation politique actuelle.

Le capitaine insiste sur les conditions favorables faites actuellement à la France par les victoires balkaniques et la mobilisation partielle de l'armée russe. Je crois de mon devoir de rectifier les conséquences que mon interlocuteur, et ceux dont il est le porte-parole, tirent journellement d'un pareil préambule. Je lui déclare que, certainement, la France sera toujours fidèle à ses alliances, mais que, *suivant mon avis personnel,* l'opinion publique française n'approuverait pas actuellement une déclaration de guerre, qui, aux yeux de la masse, serait uniquement inspirée par le désir de donner à la Serbie un port sur l'Adriatique. Je romps ensuite les chiens et remets la conversation sur des sujets militaires.

Nous longeons quelques villages : ils ont été traversés par les Turcs et les Albanais après la déroute de Koumanovo. Nombre de maisons sont détruites, on n'y voit que quelques rares habitants ; par contre, on aperçoit beaucoup de chiens errants fouillant dans les décombres.

Nous arrivons enfin à la gare de Koumanovo, distante de 4 kilomètres de la ville. Je suis attendu par plusieurs officiers qui doivent me guider et me renseigner, par une escorte d'un demi-peloton de cavalerie envoyé hier d'Uskub, enfin par des montures pour le capitaine Georgewitch et moi.

Le champ de bataille de Koumanovo est limité à l'ouest par les pentes dénudées du Kara-Dagh (Montagne Noire), au sud par le chemin de Koumanovo à Kretova. La voie ferrée de Nish à Uskub, longée par la route et le Sanjiska (affluent du Vardar), le coupe du nord au sud et ne laisse à l'ouest qu'une bande minime de terrain.

La partie septentrionale du champ de bataille est mouvementée et commande la partie méridionale sur laquelle s'est écoulée l'armée turque après sa défaite. Ce commandement donne alors une efficacité singulière au tir à shrapnels que les artilleurs serbes placent comme « avec la main » dans les rangs de l'infanterie turque dont ils provoquent la déroute.

Les mamelons du secteur nord sont surmontés de tours naturelles, formées par des rochers qui me paraissent être du basalte. Ce sont des redoutes où pourra se concentrer la résistance initiale des Serbes et contre lesquelles se briseront les nombreuses attaques turques pendant la journée du 23.

Aucune culture n'est apparente. Quelques arbres apparaissent seulement à l'ouest de la voie ferrée. Quatre d'entre eux, bordant un chemin, indiquent l'emplacement d'une batterie turque qui joua un rôle important dans la bataille et arrêta un moment l'offensive de la droite serbe.

Les vallées sont marécageuses, parcourues par des cours d'eau sans profondeur, à fond bourbeux.

Les deux routes (vers Isch et Egri-Palanka) qui traversent le champ de bataille sont défoncées; leur substructure a cependant résisté et limite dans une certaine mesure l'enfoncement des roues. Les autres chemins n'existent qu'à l'état de pistes, que de profondes ornières rendent impraticables et qu'on a intérêt à longer sans les suivre.

Les localités, bâties en briques séchées au soleil, ne comportent pas de clôtures extérieures. Elles présentent un faible intérêt au point de vue de la défense. Cependant, pour en chasser ces frelons que l'on nomme les Albanais, l'artillerie serbe les a fréquemment canonnées.

Nous commençons notre visite par la gauche de la position turque. La batterie installée auprès des quatre arbres, puis celles qui bordent la voie ferrée ont tout d'abord notre visite. Le champ de bataille est parlant ; hommes et chevaux ont été enterrés au point où ils sont tombés ; les plus grosses bosses, d'où émerge parfois une jambe raidie et dépouillée par les corbeaux, indiquent les tombes des animaux. Les lignes de défense des Turcs, les épaulements de leurs batteries, les douilles de cartouches de fusil et de canon, les sillons creusés par les projectiles et par les roues des voitures permettent de se retracer par l'imagination tous les incidents de la bataille.

Dans le lointain, on aperçoit le point culminant qui a été occupé par une partie de l'artillerie lourde serbe. De temps en temps, dans des vallons défilés aux coups de l'adversaire, un semis de taches blanches : ce sont des morceaux d'ouate et des chiffons qui jalonnent les emplacements des postes de secours et des ambulances.

Le capitaine Georgewitch est peu au courant des incidents de la bataille ; par contre, c'est un excellent interprète. Par son intermédiaire, je puis interroger mes autres caudataires, tous artilleurs, qui ne parlent que serbe. Leurs récits, brièvement résumés par le capitaine Georgewitch, ont d'autant plus d'intérêt qu'ils ont été des exécutants dans le drame de la bataille de Koumanovo ; ils se contentent de me narrer à tour de rôle les événements auxquels ils ont assisté dans le compartiment spécial où ils ont évolué.

L'un, le colonel Milossavlewitz, qui commandait l'artillerie lourde, a vu se dérouler toute l'action dans la partie occidentale du champ de bataille. Un autre, le commandant Jodorowitch, qui avait sous ses ordres les batteries à cheval de la division de cavalerie du prince Arsène, peut me renseigner principalement sur l'action de cette cavalerie et sur les faits qui ont eu la zone orientale pour théâtre.

La chevauchée est très dure : tous les bas-fonds sont inondés. Nous passons des gués que sondent au préalable nos cavaliers d'escorte. Ils nous enveloppent d'un réseau de protection qui semble d'autant plus utile, qu'on entend encore, de temps en temps, claquer des coups de fusil. Le pays n'est pas encore bien sûr, malgré les comitadjis, peut-être à cause des comitadjis.

Vers midi, nous arrivons à Koumanovo. Après un déjeuner frugal à la popote des officiers du gîte d'étape, nous continuons vers Egri-Palanka la visite du champ de bataille. Nous retrouvons les lignes successives de résistance organisées par les Turcs, ainsi que les positions occupées par l'artillerie à cheval du prince Arsène. Tous les ouvrages de la position turque sont précédés de petites tranchées individuelles faites par les tirailleurs serbes dans leurs bonds en avant; distantes de 50 à 100 mètres, elles n'ont que quelques centimètres de profondeur. La levée de terre qui les précède du côté de l'ennemi avait principalement pour but de soutenir la pelle individuelle derrière laquelle s'abritait le tirailleur et qui lui servait ainsi de bouclier. Cet abri est loin d'être inefficace ; il m'explique un fait que m'avaient signalé les médecins dans les ambulances : c'est la faible proportion de fantassins blessés au bras gauche ainsi qu'à la figure.

Avant dîner, nous nous réunissons au bureau du commandant d'étape qui se trouve être le major Jodorowitch de l'artillerie à cheval. Il a joué, dans la bataille, un rôle important en arrêtant par le feu de ses batteries le mouvement tournant tenté par les Turcs sur la gauche serbe. Il est tombé malade pendant le raid exécuté par la division de cavalerie sur Salonique, et a dû être évacué sur Koumanovo. Quant à notre autre commensal, le colonel Milossavlewitz, c'est un des hommes auxquels la Serbie doit en partie son succès. Commandant de l'école d'artillerie, il a su, en s'inspirant de nos méthodes, former cette génération d'artilleurs serbes qui, avec les canons français, a si brillamment débuté à Koumanovo.

J'ai une longue conversation avec ces deux officiers ; elle m'éclaire sur tous les points du métier qui m'intéressent et qui avaient, en partie, motivé mon déplacement. Les renseignements que je recueille ici, sur l'emploi de l'artillerie lourde, concordent entièrement avec ceux que m'avaient fournis à Uskub les colonels

Milovicwitch, inspecteur général de l'artillerie, et Ilitch, inspecteur général du génie. Je ne pouvais pas espérer, pour une question aussi intéressante, une pareille concordance de témoignages provenant de pareilles notoriétés.

Pendant ce long conciliabule, je reçois la visite du pope de Koumanovo. Il est hanté, comme tous ses congénères, par la manie du prosélytisme et m'annonce triomphalement, par l'intermédiaire du capitaine Georgewitch, qu'il vient de convertir à l'orthodoxie deux mahométanes d'origine serbe. Il veut me les présenter : je l'en dispense.

Des komitadjis viennent saluer le « Fransouski général ». Connaissant leurs méfaits, je ne leur serre la main qu'à contre-cœur. Devant eux, le pope me raconte ses transes pendant la bataille. Il avait été enfermé dans la mosquée avec deux cent cinquante chrétiens pris comme otages. Leur garde devait les fusiller en cas de défaite. La panique des Turcs a été si subite et si violente que cet ordre n'a pu être exécuté. Les Serbes chrétiens se sont vengés de leurs craintes en massacrant quelques-uns de leurs compatriotes musulmans, en dynamitant leur mosquée et quelques-unes de leurs maisons. Plus loin, par réciprocité, les mahométans ont détruit de fond en comble un village chrétien de 1.500 habitants. Le désarmement de la population albanaise a donné lieu à des scènes de répression très sanglantes. Nous sommes ici en pleine guerre de religion. Mais il faut se persuader que lorsque la paix aura été conclue entre la croix et le croissant, la guerre reprendra avec une férocité aussi grande entre les différentes sectes chrétiennes qui se jalousent, s'exècrent, et auxquelles la crainte du cimeterre fait seule pratiquer une fraternité relative.

Nous dînons à la popote. Les convives sont nombreux. A mes camarades de la journée se sont joints les officiers d'un bataillon du troisième ban qui constitue la garde du gîte, un nouveau pope, aumônier du bataillon, enfin quelques faces patibulaires, comitadjis en rupture de brousse. Tout ce monde me sourit. On sert le vin de la cave royale, lequel rallie les sympathies de tous les convives. La conversation roule sur les misères du temps; elles sont grandes. A la fin du repas, je fais venir le maire et je lui demande quelle somme lui paraît nécessaire pour faire face aux besoins les plus urgents de la population. Celle qu'il m'indique me paraît très modérée et je la lui remets, très heureux de faire œuvre charitable, de témoigner ma sympathie à des Serbes, et d'être utile, en même temps, à l'influence française.

En sortant de table, je suis très étonné du brillant éclairage des rues. Le commandant d'étapes, après avoir nettoyé la ville, a imposé aux habitants l'obligation d'avoir deux lanternes allumées à la façade de chaque maison. La plupart de nos villages et beaucoup de nos villes sont beaucoup moins bien partagés sous ce rapport.

Il est vrai de dire que les Serbes savent commander ; ils savent aussi obéir. Est-ce au sentiment du devoir, au patriotisme qu'il faut attribuer de pareils résultats obtenus avec des hommes à peine dégrossis ?

Une voiture appartenant à un notable de l'endroit a été requise pour nous reconduire à la gare sous escorte. Nous allons coucher dans notre wagon.

KOUMANOVO

Samedi 30 novembre.

Aussitôt levés, nous repartons pour Koumanovo, avec notre escorte, dans la voiture requise à notre intention. Je continue à interroger les uns et les autres.

A 9 heures, je vais rendre visite à Mme Angelowitch, fille du général Michitch, dont le mari, capitaine d'infanterie, a été tué à la bataille de Koumanovo. Elle est venue pour un service religieux célébré en l'honneur de celui-ci. Mon arrivée a été annoncée et, lorsque je me présente escorté de mes compagnons habituels, je suis reçu à la porte d'entrée par les hôtes de Mme Angelowitch.

On m'offre le pain et le sel, des sorbets, des confitures et des concombres. Après avoir présenté mes condoléances, je m'excuse de ne pouvoir assister à la cérémonie en raison de mon prochain départ. Je suis accompagné jusqu'à la sortie avec le même cérémonial qu'à l'arrivée.

La maison que je viens de visiter est très cossue. Il y a un piano !

Les femmes portent des robes de soie un peu démodées. Les hommes sont en redingote presque correcte. J'apprends qu'ils tenaient encore le maquis il y a deux jours et qu'ils sont rentrés pour voir le Fransouski général.

Nous parcourons les rues de la ville, en évitant le quartier musulman où quelques ruines aperçues hier dans notre chevauchée seraient difficiles à expliquer. Nous visitons des magasins bondés d'armes, de vivres, de munitions pris aux Turcs. Remarqué notamment d'énormes marmites en cuivre. Ces récipients ont leur histoire : tels qu'ils sont, ils servaient déjà aux janissaires. Leur nom, *odjak*, était également celui de l'unité qui y puisait sa pitance avec une cuiller banale ou mieux à pleines mains.

Nous repartons pour la gare dans l'éternelle voiture de réquisition. Le maire a fait tambouriner mes largesses. Aussi la population me fait-elle une ovation à mon arrivée. Je disparais dans mon wagon où je fais mes adieux à mes compagnons.

J'éprouve un regret sérieux de quitter ces excellents camarades dont les attentions pour moi ont été tou-

Cliché Max Fruchtermann, Constantinople

COSTUME ALBANAIS (p. 46)

chantes et grâce auxquels l'armée serbe m'est apparue sous un aspect des plus favorables.

En attendant l'arrivée du train d'Uskub, je mets rapidement mes idées en ordre. Les récits qui viennent de m'être faits sont tout frais dans ma mémoire : ils s'adaptent dans mon esprit au terrain que je viens de parcourir et font défiler devant mes yeux de véritables vues cinématographiques. Je vois la poussée en avant de ce brave régiment d'infanterie qui, ayant brûlé ses cartouches, charge pendant plusieurs centaines de mètres, baïonnette au canon, derrière un petit soldat qui brandit son drapeau.

Cet héroïsme permet de réparer la faiblesse initiale du commandement qui ne tarde pas du reste à se ressaisir : il met en évidence la mauvaise organisation du ravitaillement en munitions et la nécessité d'avoir un chef responsable de ce service si important.

Cette ombre légère jetée sur le rôle de l'artillerie ne fait que mieux souligner son action capitale. C'est à son emploi en masse, à la convergence de ses efforts, à l'instantanéité de ses effets due à une bonne préparation du tir, qu'on doit attribuer son action écrasante sur l'artillerie, puis sur l'infanterie turque qui fuit sous les shrapnels. Il y a lieu d'ajouter que ce résultat est dû également à la différence d'emploi des formations de réserve chez les deux adversaires. Tandis que les Serbes laissent en arrière leurs divisions du deuxième ban et ne font intervenir l'une d'elles que discrètement à la fin de la bataille, les Turcs lancent dans la mêlée, presque dès le début, la division de rédifs d'Uskub. C'est elle qui donnera le signal de la déroute, son pacha en tête.

La cavalerie serbe mérite sa part d'éloges pour l'emploi de ses carabines et de ses canons dans la bataille. Par contre, je ne comprends rien à son emploi ultérieur. Au lieu de poursuivre l'ennemi en fuite vers Uskub et de ramasser ses troupes débandées, elle se dirige sur Salonique à toute allure. Cette faute serait trop grossière si elle n'était pas voulue. Je ne suis pas dans les secrets de la politique et ne puis, par conséquent, établir la balance entre les résultats que pouvait faire escompter l'une ou l'autre décision.

Le train arrive, amenant notre consul qui va chercher des instructions à Belgrade, ainsi qu'un médecin de notre ambulance d'Uskub. Ce dernier est peu utile là-bas : l'armée serbe ne compte presque pas de malades et n'a que des blessés; les chirurgiens seuls ont de la besogne.

Avec nous voyage également un inspecteur de la Compagnie des Chemins de fer orientaux. Il nous apprend que deux divisions doivent être dirigées sur Andrinople par Egri-Palanka. Ce serait la raison des nombreux convois que j'ai vus hier soir sur cette route. Cette décision témoignerait de la part des Serbes d'une assez profonde indifférence pour les menaces plus ou moins déguisées de l'Autriche. Je dois ajouter que je m'explique un peu cette indifférence, maintenant que je connais la Serbie, l'effort qu'elle a produit et qu'elle peut encore produire, les renforts qu'elle tire journellement des provinces conquises, le matériel considérable que lui a donné la victoire, enfin et surtout la discipline, le mordant et le patriotisme de son armée.

BELGRADE

Dimanche 1er décembre.

Voyage sans grand intérêt. Interviewé, à la station frontière plus ou moins démolie par le canon serbe, un artilleur qui m'avait salué. Mon interprète m'apprend que ce soldat m'a vu à Uskub avec son colonel. Il était cordonnier dans je ne sais quelle ville des États-Unis et y gagnait de grosses journées, ce qui ne l'a pas empêché de rejoindre son régiment dès qu'il a appris la déclaration de guerre. Il ne tarde pas à se familiariser et me demande le prix de mes chaussures.

Arrivée à midi 30 à Belgrade. Visite à M. Descos que je remercie. C'est à sa personnalité, à la grande autorité dont il jouit dans le pays, que je dois en grande partie l'excellente réception qui m'a été faite par les Serbes. Je laisse chez lui M. Carlier, notre consul, auquel j'exprime également ma gratitude pour son hospitalité très albanaise.

Rencontré M. H..., qui attend impatiemment la confirmation des conditions de l'armistice. Je crois pouvoir, d'après mes conversations avec l'État-major serbe, le fixer sur les prétentions des alliés. Je tâche de lui communiquer mon optimisme sur la situation présente. Je fais enfin la connaissance d'un aide de camp du Roi ; il m'observe : lui aussi me suppose une mission, mais laquelle !!!

BELGRADE-BUDA-PEST

Lundi 2 décembre.

Départ à 5h30 pour Buda-Pest. Je n'aperçois plus une figure patibulaire qui me suivait depuis mon départ d'Uskub.

L'aspect de la ligne s'est modifié. Le pont de Semlin est gardé par les Autrichiens : on a procédé à l'évacuation du matériel vide qui encombrait les voies de garage. La ligne est occupée militairement. Le quai d'India a dû subir de nombreux débarquements, à en juger par ses ornières.

Je trouve enfin, à l'hôtel Hungaria, des télégrammes et des lettres qui m'y attendent. Suivant les instructions que j'avais données à mes correspondants, leur adresse ne comporte que mon nom sans ma profession. Dois-je attribuer ma bonne fortune à cette précaution?

Le bruit court à Pest que les Allemands auraient mis des garnisons en Galicie pour rendre leur liberté aux troupes autrichiennes. Quelle imagination!

Malgré tout et en raison des indices recueillis en cours de voyage, je crois prudent de hâter mon arrivée à Constantinople et d'abandonner mon projet d'école buissonnière dans la péninsule. Il serait cependant bien intéressant de parcourir la frontière entre Roustchouk et Silistrie en suivant le Danube. Mais le temps presse et je prends le train à 23^h 30 pour Constanza.

DE BUDA-PEST A CONSTANZA

Mardi 3 décembre.

Une nuit et un jour de chemin de fer. Voyage assez monotone. La saison enlève son pittoresque à la plupart des sites : la Transylvanie et les Carpathes si vantés sont dépouillés de tous leurs charmes. Enfin nous arrivons en Roumanie.

On retrouve avec un véritable soulagement, après quinze jours d'abandon, des noms de stations et des affiches aux appellations latines qu'on lit sans effort d'imagination, sans contorsions de bouche. A Bucharest, la gare est pleine d'élégantes et de brillants officiers d'une exubérance dont j'avais perdu le souvenir.

Arrivée à 23 heures à Constanza. Embarquement immédiat sur l'*Empereur-Trajan,* gros paquebot de la Compagnie roumaine.

DE CONSTANZA A CONSTANTINOPLE

Mercredi 4 décembre.

Je suis seul dans ma cabine. La mer est grosse. Réveil matinal. Il crachine. La Mer Noire mérite bien son nom. Je me réconcilie avec le paysage quand nous arrivons à l'entrée du Bosphore. Malgré les appels de la cloche du déjeuner, je reste sur le pont pour jouir d'un coup d'œil féerique dû à un rayon de soleil inespéré.

L'examen que je peux faire des défenses du canal n'est que **très** superficiel, aussi mes impressions n'ont-elles aucune prétention à l'exactitude. On aperçoit de nombreuses batteries basses, barbettes, fortement traversées, armées de vieux canons de 24, sans grand champ de tir, qu'on pourrait border de près et réduire au silence avec quelques pièces à tir rapide de petit calibre. Il est vrai que certains indices (lignes télégraphiques, mâts de commandement) laissent soupçonner l'existence de batteries hautes gardant l'entrée ainsi que quelques sinuosités du canal. Elles feraient certainement un peu plus forte résistance. J'ai néanmoins l'impression que, si l'armement et l'organisation de ces ouvrages sont aussi archaïques que ceux des batteries basses, une marine mordante qui consentirait à faire les sacrifices nécessaires aux attaques par les torpilles viendrait à bout de ces défenses rapidement et sans subir de grandes pertes.

Nous arrivons à quai. Un portefaix me conquiert par l'énergie avec laquelle il bouscule ses congénères. Je lui confie mes bagages. Un employé de l'hôtel que j'ai prévenu de mon arrivée par le télégraphe sans fil de l'*Empereur-Trajan* me facilite les formalités de douane et de passe-port. Depuis l'avènement des Jeunes-Turcs, elles sont fort réduites. Plus de *bakchich*, mais aussi plus de chiens dans les rues. L'amour du mahométan pour les bêtes s'est, paraît-il, reporté sur les chats qui se sont mis à pulluler depuis la disparition de leurs adversaires. Pour assurer la subsistance de ces tribus prolifiques, des sociétés catophiles leur font distribuer journellement d'excellent mou de veau. Je suis persuadé que cette véridique histoire conciliera aux Jeunes-Turcs le cœur de toutes les vieilles filles auxquelles je la conterai.

Je m'installe à l'hôtel Péra. L'organisation est des plus modernes et des plus hygiéniques. On a de l'eau bouillie à discrétion, même pour les soins les plus intimes. Cette abondance est inestimable. Sur la table ne figure aucune crudité : la salade et les fruits n'y apparaissent que cuits. Ces précautions, justifiées par des épidémies continuelles de choléra, semblent entrées dans les mœurs.

Péra, que je viens de traverser, m'a plus encore étonné que Belgrade par le calme de ses rues. Il faut faire un effort d'imagination pour se croire dans une ville en état de siège, menacée par un ennemi victorieux dont on entendait le canon hier encore. Tchataldja n'est qu'à 20 kilomètres d'ici. Cette proximité est mise à profit par nombre d'officiers qui se promènent dans les rues de Péra : notre hôtel en est plein. Il me semble que, même si l'on ne se bat plus, leur place serait auprès de leurs soldats qui meurent du choléra dans la boue de Tchataldja.

La suppression du fez, qui est remplacé par un bonnet tronconique genre talpack, et l'adoption du costume kaki ont enlevé à l'uniforme toute son originalité. Les Jeunes-Turcs en sont arrivés même à se décoiffer dans les appartements. Les vieilles coutumes semblent avoir disparu en même temps que les chiens ; par quoi sont-elles remplacées ?

Seuls les pompiers ont conservé leur ancienne coiffure rouge en forme de couvercle de fontaine à coco.

On les voit partout : ils fournissent les patrouilles qui circulent en ville ainsi que les postes de la place. Leur habillement, leur équipement, leurs chaussures sont en parfait état ; néanmoins, et quoique militaires comme les nôtres, ils marquent mal. Je ne sais s'ils ont été les élèves des instructeurs allemands ; les leçons ou les maîtres ont été insuffisants. Malgré leurs uniformes et leurs essais de pas de parade, ces patrouilles ont un air beaucoup moins martial que les détachements mal équipés, habillés de bure, dont j'avais admiré l'aspect digne et imposant à mon arrivée à Belgrade. Nous connaissons, malheureusement pour l'avoir expérimentée nous-même, la cause de cette différence. D'un côté, des vainqueurs conscients de leur force et entourés de l'admiration de leurs concitoyens ; de l'autre, des vaincus au moral déprimé. Quoi qu'il en soit, les Turcs semblent avoir été mal inspirés en prenant exemple sur une armée qui ignore la mentalité mahométane et dont la discipline étroite répugne à leur fatalisme.

CONSTANTINOPLE

Mercredi 4 décembre.

J'ai retrouvé l'employé d'hôtel dont j'avais admiré la belle casquette au débarcadère. Il a abandonné cette coiffure dont il se pare seulement à l'arrivée des paquebots pour se recruter plus aisément une clientèle personnelle; maintenant, il stationne devant ma porte avec d'autres interprètes marrons; son chanfrein busqué est surmonté d'un fez; il est très proprement habillé. L'astuce qu'il a montrée et son aspect relativement cossu me décident à le prendre à mon service comme pseudo-cawas ou factotum. Il me procure une voiture attelée de deux bons chevaux et dont le cocher est muni d'un fouet. La chose est rare. A en croire les mauvaises langues, cette rareté et l'exception dont je profite s'expliquent de la manière suivante : ces jours derniers fonctionnait une commission de réquisition qui arrêtait toutes les voitures traversant le pont de Galata. Suivant les besoins ou l'état des choses, elle retenait chevaux seuls ou véhicules attelés. En toute circonstance, la réquisition portait sur les fouets dont on devait faire une forte consommation à l'armée. Ma voiture n'a pas dû passer la Corne d'Or. Peut-être encore a-t-elle profité des errements vieux-turcs et son propriétaire a-t-il recouru à ce bon bakchich qui est, dit-on, un condamné des plus récalcitrants. Ce procédé était tout indiqué dans la circonstance : le pont de Galata est un pont de péage.

Après avoir fait sur la tour de Galata le tour classique d'horizon, admiré le Bosphore sur lequel s'échelonnent en ligne de file les vingt bateaux de la flotte internationale, je me rends à l'Ambassade dans mon brillant locatis, accompagné de mon pseudo-cawas. La porte en est gardée par un brave marin en armes. Car les compagnies de débarquement ont été mises à terre, il y a quelques jours, lorsque l'on redoutait des troubles provoqués par l'approche des Bulgares victorieux. Je remets à M. Bompard une lettre de recommandation qui m'ouvre sa maison où je trouve un accueil d'ami. Je suis gâté par le sort et par les représentants de la France à l'étranger. Ici surtout, je dois me féliciter de ma bonne fortune.

Je prends contact avec le capitaine de Renty, adjoint pendant la campagne à notre attaché militaire, le lieutenant-colonel Maucorps, dont je ne tarde pas à faire la connaissance.

Cliché Rajkovitz et Tjukovitz, Belgrade

USKUB — LA PLACE DU MARCHÉ (p. 47)

Enfin, je vais visiter à son bord, sur le *Léon-Gambetta,* l'amiral du Fournet qui commande en chef la flotte internationale.

Dans l'après-midi, promenade en voiture, puis longue conversation avec le lieutenant-colonel Maucorps. Il a assisté à la bataille de Tchataldja. Le récit imagé qu'il m'en fait m'amène à désirer vivement visiter ce champ de bataille. Mais la chose n'est pas facile, paraît-il. Seuls les attachés militaires et, plus tard, le doyen des instructeurs allemands ont été admis à parcourir les positions. Je comprends, du reste, que les Turcs ne laissent pas tout le monde étudier leur dernier boulevard. Aussi est-ce sans grand espoir de succès que nous décidons de tenter le sort et de demander demain au ministre de la Guerre de faire une exception en ma faveur et de m'autoriser à visiter la partie contre laquelle est venue se briser l'offensive bulgare.

Je reçois enfin la visite d'un ami : c'est un ancien officier des plus distingués qui représente à Constantinople un grand journal militaire. Je l'avais rencontré autrefois à Madrid, au moment de la guerre de Cuba. Déjà alors, il avait acquis un grand talent pour se documenter et pour coordonner ses renseignements. Des études très intéressantes sur les campagnes modernes l'ont mis en évidence. Son séjour ici, dont il a largement profité pour voir et entendre, lui a été des plus profitables : il veut bien éclairer mon ignorance et me tracer le canevas des événements qui se sont passés en Thrace alors que j'étais en Macédoine.

Jeudi 8 décembre.

Je parcours Stamboul sous l'égide de mon truchement. Si Péra a conservé sa physionomie habituelle, il n'en est pas de même de l'autre rive de la Corne d'Or. Les rues si étroites sont encombrées de détachements composés pour la plupart de contingents asiatiques qu'on dirige sur Tchataldja. La nouvelle coiffure recouverte du bachelik dont les brides sont enroulées au-dessus du front et les barbes incultes donnent à ces hommes un air des plus rébarbatifs. Ils sont assez bien habillés, mais leur allure lourde n'est guère martiale et ils paraissent peu instruits.

Toutes les mosquées ne peuvent être visitées. Plusieurs d'entre elles, et en particulier Sainte-Sophie, sont bondées de cholériques. De même, à côté du musée des Antiques que je visite, est installée une ambulance où l'on soigne cette catégorie de malades. Les brancards qui servent à leur transport sont rangés en travers du chemin et laissent apercevoir leur toile souillée de déjections. Une eau suspecte coule le long de la chaussée en pente : au dire de mon guide, elle a servi à faire aux morts les dernières ablutions. Je vais acheter des caoutchoucs.

Cette mise en scène a été préparée lorsque l'on a craint l'entrée des Bulgares à Constantinople. On pensait ainsi leur éviter la tentation de pénétrer dans des lieux que voulait leur interdire le patriotisme ottoman et dont la violation aurait certainement déchaîné une poussée de fanatisme.

Dans l'après-midi, visite avec le colonel Maucorps au séraskierat. Fuad Pacha, ministre intérimaire de la Guerre, est absent; mais on nous annonce que Nazim Pacha, ministre titulaire de la Guerre et généralissime, doit revenir ce soir pour assister au selamlik de demain. Il est décidé que je prendrai contact avec lui pendant cette cérémonie. Tous ces renseignements nous sont fournis par un commandant d'état-major qui s'exprime en un français très correct. Il nous a introduits dans un grand salon orné de beaux tapis, et notre conversation se poursuit en fumant des cigarettes et en buvant du café.

Cette réception au séraskierat ne me rappelle en rien la salle d'attente de notre ministère de la Guerre. Ici, aucun cerbère. On entre comme on veut. Les galeries donnant sur une cour centrale et bordant les bureaux à chaque étage sont parcourues par une foule de promeneurs et de solliciteurs qui déambulent en devisant doucement. Au rez-de-chaussée, au milieu de la cour, une musique militaire exécute des morceaux français et allemands. Cette scène de calme se déroule à quelques pas de Sainte-Sophie où agonisent des milliers de cholériques. La musique, qui joue des airs de danse, appartient à une armée qui vient d'être battue, à un régiment qui a semé de ses morts les plaines de Thrace. A quel sentiment faut-il attribuer cette cérémonie journalière? Est-ce à l'orgueil? Est-ce au fatalisme?

Depuis que je suis dans les Balkans, j'ai discuté avec les uns et les autres sur les causes de la défaite turque. Je ne suis pas d'accord, en général, avec ceux de mes interlocuteurs qui habitent Constantinople. J'attribue cette divergence d'opinion à plusieurs causes. Mes relations antérieures avec de nombreux officiers bulgares m'ont permis de me faire sur leur armée une opinion que les événements ont justifiée. J'ai pu, d'autre part, grâce à mon séjour en Macédoine, me renseigner sur la valeur de l'armée turque de province, du 2e ordou, en particulier, et sur la cause des paniques de Koumanovo et d'Uskub. Ces éléments d'appréciation font défaut à mes contradicteurs. Ils ignorent pour la plupart l'organisation bulgare, de même qu'ils attribuent à toute l'armée turque, par généralisation, en raison de ce qu'ils voyaient à Constantinople, une valeur professionnelle que possèdent seuls quelques corps particulièrement triés et instruits. En un mot, ils sont turcophiles.

Avant le coucher du soleil, courte promenade avec mon guide sur les pentes peu habitées qui, de Péra, descendent en ligne droite sur la Corne d'Or. Quel délabrement, quel abandon! L'incurie mahométane, caractérisée sur le Bosphore par les ruines de nombreux palais abandonnés, est mise en évidence au milieu de la capitale par des masures croulantes, entourées de pierres tombales brisées qui empiètent sur la voie publique.

Vendredi 6 décembre.

Je me rends au *selamlik* avec le colonel Maucorps. Peu de troupes : quelques compagnies de nouvelle levée, peu instruites. Ce sont des Kurdes et des Anatoliens. Le service d'honneur est fait par des pompiers au casque rouge et des lanciers. La musique du palais et la musique de la flotte se donnent la réplique avec des instruments de forme extraordinaire. Je suis présenté à Izzet Pacha, chef d'État-major général, qui, après le premier désastre, a été appelé de l'Yémen, où il commandait, pour sauver la situation. Je ne me permets pas de porter un jugement sur cet homme renommé quasi providentiel, que je ne fais qu'apercevoir. Je constate seulement que sa situation élevée ne l'empêche pas de montrer une courtoisie que nous ne trouvons pas toujours chez les grands chefs des nations européennes les plus réputées pour leur parfaite civilité. Il commence à me réconcilier avec les Jeunes-Turcs.

Quelques touristes sont également présents. Nous nous installons devant eux.

Arrivée de princes en costumes civils, suivis d'un valet de pied qui porte leur uniforme dans une valise. Ils disparaissent dans la mosquée. Le Pacha, directeur de l'artillerie, aide de camp du Sultan, s'emploie à aligner les pompiers homme par homme.

Des terrassiers jettent du sable sur le chemin que doit parcourir le Sultan. Deux fonctionnaires galonnés, munis de brûle-parfums, s'apprêtent à aller à sa rencontre.

Les princes revêtus de leurs uniformes et couverts de décorations s'installent avec de hauts dignitaires sur le perron de la mosquée. Ils attendent le Padischa dans la posture réglementaire de déférence qui consiste à croiser les mains allongées sur le bas-ventre. Je possède un tableau de Cranach représentant Adam après la faute, dans une pose similaire.

Des commandements ; les troupes présentent les armes ; les musiques jouent tout d'abord. Un cawas à cheval, raccroché sur sa selle; puis, précédé des porteurs de parfums, entouré de ses aides de camp à pied, suivi de Nazim Pacha, généralissime, et de son chef d'état-major, également à pied, apparaît dans son landau le Sultan. Nous nous découvrons: il salue.

Nazim Pacha, prévenu par Izzet Pacha, se dirige sur moi. Présentations. Rendez-vous est pris au sérasklerat pour demain.

Dans l'après-midi, je veux me rendre compte de la mortalité et voir, autant que possible par moi-même, si le nombre des décès est aussi considérable que le prétend la rumeur publique. Je ne trouve pas de meilleur moyen que de me rendre en voiture au cimetière d'Eyoub où l'on enterre tous les mahométans de Stamboul. Ma plume est impuissante à décrire la promenade le long de la Corne d'Or, la traversée du Fanar, la mosquée d'Eyoub, enfin le coup d'œil merveilleux qui nous récompense de l'ascension difficile du cimetière. C'est dans ce cadre que Loti a vécu et aimé. Je comprends qu'un bon musulman désire y reposer : le ciel est beau, la vue enchanteresse. Dans ce coin, la mort paraît gaie : aussi, elle n'effraie personne. Les femmes et les enfants semblent se plaire au milieu de ces tombes. Et pourtant, il y aurait lieu aujourd'hui de ressentir une certaine crainte. Les civières succèdent aux civières. En moins d'une demi-heure, je vois défiler une

استانبول محافظلغی

کیجه‌لری طولاشمغه مأذون مأمورین حقنده وثیقه‌در

نومرو

ژورنال دهبا قورسپوندانی [illegible]

مومی الیه وظیفهٔ رسمیه‌سنك ایجاباتندن اوله‌رق کیجه‌لری ———————— ساحه‌سی

داخلنده طولاشمق اوزره ۱۵ – ۱۶ تشرین اول سنه ۳۲۸ تاریخلی ادارهٔ عرفیه بیاننامهٔ مذیلنك

فقرهٔ اولیسندن استثنا ایدلمشدر .

Traduction :

PLACE DE CONSTANTINOPLE

Carte à l'usage des fonctionnaires autorisés à circuler pendant la nuit.

N° ....

Le général HERR, commandant l'artillerie dans l'armée française, est autorisé, de par ses fonctions officielles, à circuler pendant la nuit, dans les limites de ...., par dérogation à l'article 1er de la déclaration complémentaire d'état de siège du 15-16 techrin-i-evvel 1328 [= 28-29 octobre 1912].

vingtaine de morts et je ne crois pas être au-dessous de la vérité en chiffrant les décès journaliers à 400 ou 500.

Je suis heureux, malgré toute la poésie du lieu, de le quitter : car il est désagréable d'être heurté par des civières garnies ou vides que leurs porteurs engagent à vive allure dans les chemins étroits sans se soucier des rencontres possibles.

Après avoir visité dans Eyoub quelques thurbés des plus marquants, je suis en voiture les vieilles murailles du front de terre. Ces fortifications byzantines, qui étaient jusqu'à ce jour un monument élevé au triomphe du Croissant, marquent aujourd'hui sa défaite et la revanche de la Croix.

A leur pied, campe un peuple d'émigrants qui ont fui devant l'invasion bulgare. Hommes, femmes, enfants, chiens et cochons, buffles et chèvres, grouillent autour de loques sans nom empilées sur des voitures. Grelottants sous ces hardes, on aperçoit des vieillards, des hommes aux figures ravagées, des femmes en couche. Tous ces misérables qui ne peuvent se faire à l'idée de vivre sous la domination des chrétiens qu'ils méprisent (1) vont être transportés en Asie. Leur exode a déjà

(1) A Uskub, j'avais déjà rencontré des mahométans qui, inspirés par la même idée, avaient émigré de Bosnie après l'annexion autrichienne.

commencé. En faut-il conclure que la Turquie a déjà fait son deuil de ses possessions européennes ?

Samedi 7 décembre.

Déjeuné à bord du *Léon-Gambetta* chez l'amiral. En débarquant, je traverse la cour de l'Arsenal où est parqué un matériel d'artillerie considérable, ainsi que nombre de ces petites voitures pour colonnes de munitions, d'origine allemande, que j'avais remarquées à Uskub. Je ne vois aucune garde pour tous ces caissons chargés qui paraissent livrés ainsi aux entreprises des gens mal intentionnés.

Dans l'après-midi, visite au séraskierat avec le colonel Maucorps qui me présente à nombre de pachas. Leur extérieur ne répond nullement à l'idée qu'on se fait en général des Turcs. Otez-leur le fez qui coiffe ici leur crâne d'une manière immuable et vous aurez devant vous de parfaits gentlemen comme manières et comme langage.

Nous sommes reçus par Nazim Pacha qui nous offre le café et les cigarettes d'usage. Il a l'aspect d'un soldat, le parler lent et coupé de silences d'un diplomate. Après d'assez longs préambules, je me décide à exposer mon désir de visiter les lignes de

Tchataldja. J'ai peur d'un refus qu'on m'avait fait pressentir. Cette prédiction ne s'accomplit pas. Il est convenu que j'irai à Tchataldja lundi. Je partirai par le premier train, avec le capitaine de Renty, sous la conduite d'un aide de camp du ministre. A la station terminus d'Hademkeui, nous trouverons des chevaux et une escorte.

Visite au chef et au sous-chef d'état-major. Compliments réciproques.

Dimanche 8 décembre.

Pris contact avec Edib Bey, capitaine d'état-major, qui doit nous conduire à Tchataldja. Notre train partira avant le jour; aussi mon guide me remet-il un laissez-passer pour moi (voir p. 88) et un autre pour mon cocher. Sans cette pièce, nous risquerions l'un et l'autre d'être arrêtés par les patrouilles de nuit et déférés à la cour martiale.

Dîner à l'Ambassade.

Lundi 9 décembre.

Réveil à 3h 30. Notre voiture nous attend. Nous y faisons placer des provisions de bouche, car on ne sait ce qu'on trouvera sur le front. Un cawas de l'Ambassade, en armes, monté sur le siège, nous sert d'escorte ou plutôt de porte-respect.

J'en ai besoin, car si le capitaine de Renty est en tenue et par conséquent très présentable, je suis pour mon compte assez mal équipé. J'ai essayé de militariser un peu mon costume au moyen d'un bachelik acheté au bazar, de bandes molletières et d'un étui de lorgnette en sautoir. Mais je ne m'illusionne pas et je comprends en toute conscience que ma suite est indispensable pour qu'on reconnaisse en moi une Excellence.

Des ordres ont été donnés pour nous laisser passer. Le pont neuf sur la Corne d'Or, à notre intention, n'a pas été replié, ce qui nous permet de gagner la station en voiture. Le commandant de gare m'attend ainsi que le capitaine Edib Bey et nous installe dans un wagon avec le cawas porteur de nos provisions.

Nous partons dans la nuit, écœurés par des odeurs de désinfectants qui empoisonnent la gare et nous poursuivent dans notre wagon mal éclairé. C'est lugubre. Je me roule dans mon manteau qui me sera utile ainsi que mon bachelik. Le crachin de ces derniers jours s'est changé en pluie diluvienne.

Nous arrivons à Hademkeui, tête de ligne actuelle. Les hôpitaux de cholériques sont à une centaine de mètres de la station. De nombreuses civières qui ont servi aux évacuations voisinent, sur un appontement, avec des sacs de farine.

Nous sommes reçus, en débarquant, par deux officiers : l'un est chef du régiment de chemin de fer; l'autre, lieutenant-colonel d'état-major, est commandant de gare et d'étapes à Hademkeui. Des chevaux et une escorte de lanciers nous attendent.

La monture qui m'est réservée est une sorte de petite chèvre qui disparaît sous mon grand manteau. Mes camarades et notre escorte ont également enfourché des montures microscopiques : ce sont, paraît-il, des chevaux du pays. S'ils ont la taille de la chèvre, ils en ont l'adresse. Leur pied est très sûr, ainsi que nous allons le constater. Le trot leur est inconnu, ils galopent, répètent beaucoup, marchent quelquefois l'amble et abattent ainsi sans difficulté 7 kilomètres et demi à l'heure, malgré les difficultés du chemin.

Nous traversons la voie ferrée et prenons la route stratégique. Rencontre d'un premier cheval mort. Cette découverte va se renouveler souvent et nos montures ne paraissent aucunement surprises. Nous croisons de nombreux convois : voitures à buffles, à bœufs, chevaux de bât et ânes, transportant malades, provisions et bois. En dehors de la forêt de Belgrade qui longe la droite de la position, il n'existe pas un arbre sur tout le front, et le ravitaillement en combustible est une des plus grosses charges du service de l'intendance; il semble s'en occuper maintenant après l'avoir négligé complètement au début de la campagne.

La route, ou plutôt la piste que nous suivons, est une mare de boue, d'où émergent des choses suspectes.

Après avoir visité le village et le vieil ouvrage de Mahmoud Pacha, où se tenaient les attachés militaires pendant la bataille du 17, nous nous dirigeons sur Mahmoudie, où sont installées actuellement les deux batteries à cheval de la 2e division de cavalerie. Canons et caissons s'abritent derrière des épaulements qui peuvent également protéger les servants pendant le combat. Les toiles de tente recouvrent les trous profonds creusés à une vingtaine de mètres en arrière des épaulements : c'est là que sont installés les canonniers, à portée de leurs pièces, et, cependant, à l'abri d'une reprise inopinée du feu.

J'interviewe les deux commandants de batterie. L'un, grand, bien découplé, à la physionomie ouverte, me raconte, par l'intermédiaire d'Edib Bey, sa participation à la bataille de Lulle-Bourgas, son action comme contre-batterie. Il prétend avoir détruit une batterie bulgare, puis maltraité l'infanterie ennemie en fin de bataille. Il n'accuse pour ces diverses opérations qu'une dépense de 120 coups. C'est peu pour autant de besogne. Notre officier est en confiance; je le pousse sur les détails du métier : liaison, soutien, nature des tirs effectués, procédés de ravitaillement, etc.....

Son camarade a un physique ingrat et de la barbe jusque dans les yeux ; il a été rattaché pendant la campagne à une division de rédifs. C'est un des nombreux cas de désorganisation systématique des unités engendrée par la folie du nombre.

Pendant la journée du 17, ces batteries ont eu à jouer un rôle important et ont participé largement à l'échec des Bulgares, dans leur attaque sur le centre.

Le feu qu'elles ont subi, quoique convergent (il provenait de trois directions, du reste très rapprochées les unes des autres, à en juger par les sillons laissés par les obus (1), a été inefficace. On ne pouvait guère espérer mieux de batteries lançant à 5.600 mètres des shrapnels de 75 sur des batteries enterrées. Un seul servant dans la batterie et trois pourvoyeurs qui faisaient la chaîne à l'extérieur ont été atteints, malgré une dépense de munitions estimée à 2.000 coups de canon.

Nous continuons sur Hamidie où j'interroge d'autres artilleurs terrés dans des batteries profondément excavées. Enfin, nous longeons la tranchée où l'infanterie se dissimule, couverte par des défenses accessoires, surtout par des réseaux de fil de fer.

Devant nous, les pentes vont maintenant mourir vers

(1) Ces obus ont été fabriqués, partie au Creusot, partie à l'usine allemande d'Ehrardt.

Cliché Rajkovitz et Tjukovitz, Belgrade

TYPES TZIGANES A USKUB (p. 55)

le Kara-Sou, que nous apercevons dans la brume. Apparaît également un certain champ noir que les attaques bulgares du 17 n'ont pu dépasser : c'est là que sont venues mourir leurs vagues successives. Nous en sommes à 1.000 mètres ; les jumelles nous révèlent aux alentours de nombreuses bosses de terre : ce sont les tombes des 600 Bulgares qui ont succombé lors de cette attaque.

Il serait intéressant de se rapprocher du Kara-Sou de façon à voir comment se présente la position turque vue du côté bulgare. Mais il ne faut pas y songer : les avant-postes ont la balle prompte et l'on entend encore claquer les coups de fusil de temps en temps.

Nous nous contentons de contempler de loin les hauteurs ennemies : Tchataldja et Izeddin.

Tout ce pays a une physionomie particulièrement désolée et rappelle, en moins riche, la Macédoine. Ballons pelés, plus ou moins gazonnés, avec pentes assez douces vers la rivière ; les vallées transversales sont, par contre, très abruptes. Obliques par rapport au front, elles fournissent des couverts avantageux pour les réserves. Elles sont actuellement peuplées de tentes coniques et de tentes-abris. Tous ces camps sont d'une malpropreté révoltante et témoignent d'une incurie dont nous n'avons pas idée. Les toiles ne sont pas tendues ; on ne se préoccupe aucunement de l'écoulement des eaux, que quelques coups de pioche assureraient. Les hommes couchent littéralement dans la boue. Partout des immondices de toute nature.

Nous entendons dans le lointain, vers Hademkeui, une fusillade discontinue. Elle provient, paraît-il, de formations de réserve qui tirent à la cible, probablement pour la première fois. J'ai appris, en effet, qu'à Kirk-Kilissé, on avait engagé des bataillons de rédifs qui y ont brûlé leurs premières cartouches.

Nous reprenons le chemin de la gare et croisons un bataillon de volontaires kurdes. On les rapatrie. Pour le moment, ils s'échelonnent sur une longueur de 1.500 mètres, enroulés dans leurs toiles de tente, coiffés du bachelik, déguenillés ; ils ont l'air de brigands. Ils marchent, mélangés à leur convoi composé de voitures de tous modèles, de chevaux et d'ânes de bât. Leurs malades se serrent les uns contre les autres en se cramponnant aux ridelles des voitures. Bêtes et gens ont parfois de la boue jusqu'au ventre. On nous aperçoit. Aussitôt s'élève un chant guerrier aux notes gutturales. Je suis heureux de ne pas comprendre le turc, car il est probable que je n'entendrais ni louanges, ni compliments à l'adresse des chrétiens. Quelle différence avec l'ordre et la discipline de marche des Serbes !

En arrivant à Hademkeui, notre guide, qui a su faire ranger sans éclats de voix bêtes et gens sur mon passage, nous fait sortir de la foule et nous dirige droit vers la gare.

Nous pénétrons dans un vaste champ : c'est le cimetière des cholériques d'Hademkeui, où de grandes tranchées, fraîchement comblées, permettent de compter les jours de choléra et de se faire une idée de la mortalité journalière. D'après mon guide, le nombre maximum de ces décès aurait été de 1.200 et a été atteint le 16. Le feu du combat a cautérisé en partie cette plaie. A la fin de la bataille de quatre jours, on n'enregistre plus que 150 décès en vingt-quatre heures. Je donne ce renseignement sous toute réserve. Il me semble cependant douteux qu'une véritable épidémie de choléra morbus ait pu être enrayée par l'effet moral d'une victoire. J'en suis à me demander si cette épidémie n'a pas reçu une appellation volontairement inexacte et destinée à tenir à distance un adversaire victorieux. J'avais déjà ressenti cette impression à Constantinople en voyant le soin avec lequel on avait garni de cholériques des locaux qu'on voulait préserver des envahisseurs.

Je suis loin cependant de contester la mortalité considérable de l'armée turque. Les conditions d'hygiène déplorables dans lesquelles elle a été placée depuis le commencement de la guerre ne l'expliquent que trop. Pendant la campagne de Thrace, le soldat a vécu dans la boue et on l'a laissé littéralement mourir de faim. Il ne faut pas en conclure que les approvisionnements aient fait défaut. Des magasins bondés de vivres ont été pris par l'ennemi, mais le service de l'arrière n'existait pas et les services administratifs n'étaient qu'à l'état rudimentaire. Malhonnêteté ou ignorance ? On cite l'exemple de comptables qui, pour se donner les apparences d'une probité scrupuleuse, ne consentent à faire aucune distribution à des éléments qui ne peuvent leur fournir de bons établis dans la forme réglementaire. Mes compliments aux maîtres qui ont formé de tels élèves !

Aujourd'hui, les distributions se font d'une façon régulière, bien que la chère du soldat turc demeure très frugale. Il n'est pas délivré de viande aux 165.000 rationnaires campés autour de nous. J'ai aperçu cependant dans un camp, sur un maigre feu, les énormes bassines en cuivre dont j'avais déjà fait la connaissance à Koumanovo. Que contenaient ces récipients ? Je l'ignore. Peut-être ce fameux thé de menthe que la pharmacopée locale emploie comme panacée universelle contre le choléra et qui est distribué généreusement aux troupes campées vis-à-vis Tchataldja. Mes compagnons en disent le plus grand bien. Je suis loin de vouloir les contredire. Je vois dans l'emploi de cette herbe aromatique, très appréciée du Turc, le moyen de faire exclusivement consommer de l'eau bouillie par le troupier, et de l'empêcher ainsi d'absorber à l'état naturel la décoction concentrée de microbes qu'il va chercher dans le lit du Kara-Sou, encombré, hier encore, de cadavres bulgares.

Arrivés à la gare d'Hademkeui, nous mettons pied à terre. La pluie s'est transformée en déluge. Trempés jusqu'aux os, nous nous réfugions dans la chambre qu'occupe le commandant d'étapes. Nous partageons nos provisions avec les officiers turcs. Ils sont à un régime aussi frugal que leurs hommes : du pain et du fromage d'Anatolie, tel est leur ordinaire.

Pendant notre repas, on m'annonce la visite d'Abouk-Ahmed Pacha, qui commande l'armée en l'absence de Nazim Pacha. C'est son ancienneté qui lui vaut cette situation temporaire. Il était absent au moment de mon arrivée et inspectait la droite de la position qui semble être l'objet des principales préoccupations du haut commandement turc. Je retrouve enfin dans Abouk-Ahmed Pacha le type physique que je m'étais tracé de l'Ottoman ancien style. Gros, coloré, barbu, il paraît être doué d'une intelligence des plus ordinaires. Il met la conversation sur les désastres de l'armée turque. Je suis acculé forcément à des compliments de condoléance qui me sont rendus faciles par l'insuccès des Bulgares à Tchataldja.

Mais je m'aperçois rapidement que je dépasse le but : les éloges que je décerne aux Turcs pour leur belle défense semblent tourner un peu la tête à mon interlocuteur : il laisse percer une certaine émotion dont je le croyais incapable. Est-elle vraie ou de commande? Je ne me sens pas de taille à lutter en diplomatie avec mon hôte dont la visite ne me paraît plus motivée uniquement par la politesse.

Le temps a marché heureusement. Après avoir consulté nos montres et transformé par un calcul laborieux mon heure franque en heure turque, nous concluons que le train qu'on nous destine doit être prêt. Nous y sommes conduits et introduits dans un compartiment où nous trouvons deux officiers d'état-major qui viennent de tracer, avec les Bulgares, la ligne de démarcation des deux armées. Ils sont mouillés comme nous : nos vêtements et nos chaussures transforment le plancher en une petite mare qui rappelle par sa couleur les eaux du Kara-Sou (Rivière Noire). Cette mauvaise plaisanterie que je me permets et qu'on veut bien traduire à nos nouveaux compagnons les déride un peu : la conversation s'engage. Ils n'en reviennent pas de la morgue de leurs adversaires qu'ils croyaient complètement abattus par leur échec de Tchataldja. Même constatation avait été faite quelques jours auparavant par le capitaine Edib Bey, envoyé en parlementaire pour traiter la question du relèvement des blessés. Lui aussi avait subi, comme le consul d'Uskub, le contact désagréable d'un mouchoir malpropre dont un sous-officier bulgare se servit pour lui bander les yeux. Cette anecdote est contée avec verve par mon guide dont j'apprécie de plus en plus les solides qualités de cœur et d'esprit. Je m'explique l'engouement de certains de mes camarades pour la jeune armée ottomane.

La conversation reprend sur la bataille des quatre jours. Je sens que l'orgueil turc a déjà repris le dessus et qu'il n'est pas moindre que l'orgueil bulgare. Cet état d'âme est général dans la Péninsule des Balkans. Il résulte d'une mentalité différente suivant la race. Le Bulgare est un brutal, conscient de sa force. Il a un cœur de parvenu, plein de mépris pour le faible. Le Turc constitue une aristocratie : il voit dans les giaours des êtres inférieurs. La duplicité d'un gouvernement sans vergogne qui maquille les défaites lui permet de les ignorer. En tout cas, il semble les oublier avec une singulière rapidité. Je le vois aux réflexions de certains de mes compagnons de route qui rêvent déjà l'offensive. J'admire toutes les idées généreuses, je comprends tous les sacrifices que l'on peut consentir pour sauver l'honneur du drapeau. Mais la bataille de Tchataldja a sauvegardé cet honneur qu'une nouvelle équipée pourrait de nouveau compromettre. C'est ce que je m'efforce de faire comprendre à demi-mot aux camarades turcs, tout en ménageant un amour-propre qui me paraît très pointilleux. La conversation passe des Bulgares à leurs alliés les Grecs; j'essaie de la détourner, mais je n'y réussis qu'après avoir entendu des appréciations discrètes, mais peu flatteuses pour nos élèves, auxquels les Turcs ne pardonnent pas leurs succès.

Nous longeons San Stefano où sont installées les formations sanitaires turques pour cholériques. Cette partie de la voie a été le théâtre de nombreuses agonies. Dans le jardin d'un restaurant, sorte de vide-bouteilles de banlieue que longe le train, dans les gloriettes où Levantins et Grecs buvaient chaque dimanche mastik et raki, sont venus agoniser des centaines de misérables. Ainsi que me l'a conté un ingénieur des chemins de fer orientaux, la voie a été bordée de cadavres semés par les trains d'évacuation et écrasés parfois par les roues des wagons. C'est le personnel d'exploitation qui, avec un dévouement sans exemple, s'est substitué à l'autorité militaire défaillante pour procéder à l'assainissement de cet ignoble cloaque long de plusieurs kilomètres.

Je suis heureux d'arriver et d'échapper à ces violentes odeurs de désinfectants qui masquent insuffisamment des relents de pourriture et de cadavre.

Péra, cette cité cosmopolite sans âme et sans cachet, me paraît ce soir une ville de lumière et de joie. Je m'explique, sans l'excuser aucunement, l'état d'âme de certains officiers turcs qui viennent s'y étourdir et fuir un instant ce théâtre d'horreurs dont je n'ai fait qu'apercevoir un petit coin. Les Russes n'en ont-ils pas fait autant à Moukden ?

Cliché Rajkovitz et Tjukovitz, Belgrade

BATTERIES TURQUES ABANDONNÉES A KOUMANOVO APRÈS LA BATAILLE DU 24 OCTOBRE 1912

(p. 57)

Mardi 10 décembre.

Le soleil luit enfin. Je me décide à pénétrer de nouveau dans Stamboul à la remorque de mon guide. Il a su, par le concierge de l'hôtel sans doute, que j'avais reçu la carte cornée de Nazim Pacha et la visite d'Izzet Pacha. J'ai grandi considérablement dans son estime qui se traduit par le plus déférent des salams dans la hiérarchie des salams : sa main droite fait le simulacre de ramasser la poussière avant de se porter à sa bouche et à son front. En traversant la Corne d'Or, il me conte ses transes pendant les massacres qui ensanglantèrent Constantinople il y a quelques années, ses craintes non moins grandes lors de la révolution. Il me montre les ponts où les potences étendaient des bras auxquels chaque matin on accrochait de nouvelles victimes. Il me parle de la curiosité de la foule et surtout des femmes, très friandes de voir ces « suspendus ».

Ces récits dramatiques m'expliquent la mentalité toute spéciale du Pérote. A mon arrivée ici, j'avais été frappé de la tranquillité qui régnait à Constantinople. Je croyais au recueillement dans la défaite et ma sympathie était allée aux vaincus sans distinction de race ni de religion. Je m'aperçois aujourd'hui que je me suis trompé en traitant tout ce monde sur pied d'égalité. Les sentiments et leur expression diffèrent à Stamboul et à Péra. Le Turc fataliste reste digne. Les événements dont il a été si souvent la victime, les tribulations dont il est toujours menacé ont fait du Pérote un « je-m'en-fichiste » et un jouisseur. La vie est courte et il en profite. Aussi à 5 heures, la grande rue de Péra est-elle sillonnée par des groupes de jouvenceaux et de jouvencelles qui flirtent sans vergogne. Plus tard, et donnant la réplique au canon, des orchestres de music-hall charmeront les pères et les frères aînés jusqu'à l'heure où la retraite s'impose, si l'on ne veut pas être cueilli par les patrouilles. « Qui sait, disent-ils, si nous vivrons demain ? » Une névrose toute spéciale peut seule expliquer une pareille amoralité, laquelle justifie pleinement, à mon avis, le mépris que le vrai Turc éprouve pour le Levantin.

Un coup d'œil à la mosquée de la Sultane Validé, puis je suis attiré de nouveau par le musée des Antiques. On peut l'aborder aujourd'hui sans trop de promiscuité avec les cholériques. Le soleil a fait disparaître les flaques nauséabondes qui en défendaient l'accès ; maintenant l'esprit a toute liberté pour admirer le panorama qu'on voit se dérouler sous ses pieds : Stamboul et la Corne d'Or.

Les richesses du musée méritent aussi l'admiration.

Elles pourraient être, il est vrai, plus grandes. Le temps n'est pas encore loin où toutes les découvertes archéologiques faites dans l'empire ottoman prenaient le chemin des capitales de l'Europe chrétienne et laissaient seulement à Constantinople des moulages plus ou moins artistiques en guise de souvenir. Aujourd'hui, grâce à l'homme éminent qu'est le conservateur du musée, des œuvres originales et marquantes viennent chaque jour grossir ces collections qui contiennent des pièces uniques (tombeau dit d'Alexandre, produits des fouilles de Sidon, monuments juifs et byzantins).

Une pointe vers le Sérail et la place des Janissaires où s'élève encore l'arbre auquel, d'après la tradition, furent accrochées nombre de têtes lors de la destruction de cette turbulente milice. La place sert aujourd'hui de point de rassemblement aux nombreux convois qu'on dirige sur Tchataldja. A l'heure présente, elle est pleine de piétons et d'animaux de bât, ânes, mulets et chevaux. Ces derniers sont en bien mauvais état. Deux d'entre eux sont en train de rendre le dernier soupir à côté de deux autres carcasses qui ont déjà tenté les corbeaux. Le nombre et le sans-gêne de ces oiseaux témoignent du respect qu'on leur porte ; depuis l'exil des chiens, ils paraissent jouer un rôle considérable dans le nettoyage des rues et des places de la capitale. Stamboul n'a pas le monopole de ces vilains oiseaux : en Macédoine et en Thrace, dans tous les pays musulmans que je connais, ils abondent. Ils se rappellent sans doute les massacres dont ces plaines ont été maintes fois le théâtre et espèrent, à juste titre, y trouver à nouveau de bonnes aubaines. Qu'on ne crie pas à l'invraisemblance d'un pareil raisonnement de la part d'animaux relativement peu élevés dans la hiérarchie des êtres organisés. D'abord le corbeau possède une intelligence reconnue de tous et une expérience due à sa grande longévité. D'autre part, des animaux beaucoup bien moins doués arrivent à raisonner comme lui. Le fait suivant en donne la preuve. A Madagascar, un troupeau de bœufs se noie en traversant à la nage une rivière subitement grossie par une crue. Les cadavres de ces zébus vont s'échouer sur des bancs de sable et fournissent d'amples provisions aux caïmans de toute la province qui s'y donnent rendez-vous. Plusieurs semaines après ce festin, on trouvait encore les reptiles réunis sur les mêmes bancs de sable, réduits alors à la portion congrue, mais espérant toujours une nouvelle aubaine. Quoique moins intelligents, les caïmans avaient eu la même inspiration que les corbeaux.

Je vais déjeuner dans une maison amie où j'avais espéré rencontrer Nazim Pacha. Il s'est fait excuser par son officier d'ordonnance. Je regrette cette absence qui m'empêche de faire plus ample connaissance avec le grand chef de l'armée turque et de lui exprimer ma gratitude pour la si intéressante reconnaissance des lignes de Tchataldja qu'il m'a permis de faire. Je crois devoir témoigner ma gratitude sous forme d'un conseil d'ami. Je reviens auprès de mes commensaux turcs sur ma conversation de la veille, en insistant sur la force des positions occupées par les deux belligérants. Si les Bulgares n'ont pu franchir le Kara-Sou, moins encore l'armée turque pourrait-elle se porter en avant et dépasser ce fossé qui est battu dans tous les sens. Je glisse sur d'autres arguments peu agréables pour leur amour-propre et qui doivent, plus encore que le terrain, interdire à leur généralissime toute velléité d'offensive.

Après déjeuner, visite à l'Ambassade, transformée en ouvroir et en succursale de la Faculté de Médecine. Tout le clan féminin de la colonie française y est réuni. Dans une salle, un conférencier confirme nos ambulancières dans leurs devoirs professionnels. Ailleurs se préparent des pansements, des bandes, des effets de toute nature au bruit assourdissant de véritables batteries de machines à coudre.

Toutes ces Françaises montrent pour leur pays d'adoption momentané un dévouement que beaucoup d'autochtones devraient bien imiter. Il est vrai de dire qu'elles sont stimulées par une femme de grand cœur et de haute culture intellectuelle, qu'on trouve à la tête de toutes les œuvres utiles à la Turquie et à l'influence française.

Promenade des plus intéressantes dans des coins inconnus du vieux Stamboul. Visite, en particulier, de merveilleuses citernes qui, par extraordinaire, contiennent de l'eau. Mon étonnement se double d'admiration à la vue de leurs innombrables colonnes dont les chapiteaux échappent au regard et qui se perdent dans la nuit, en perspective fuyante. Beau spectacle d'art que je n'ai trouvé signalé dans aucun Bædeker.

Ce lieu étonnant n'est pas d'un accès facile; nous discutons longuement avec une vieille femme têtue qui, perchée au sommet d'un escalier en spirale, prend des airs à la Sarah Bernhardt en se drapant dans des loques aux couleurs éclatantes et nous refuse l'entrée, probablement pour obtenir une plus grosse rétribution. Deux jolis enfants, propres par extraordinaire, et un chat familier, complètent ce petit tableau de genre.

Je vois d'après cela que le chat joue ici, dans l'intimité comme dans la vie publique, un rôle important. J'ai eu la confirmation de l'histoire qui m'avait été narrée sur les sociétés protectrices des chats, ce matin même. En sortant de l'hôtel, de bonne heure, j'ai rencontré un portefaix portant en travers de son épaule une longue perche qui pliait sous le poids de morceaux de mou de veau accrochés aux deux bouts. Notre homme distribuait ces victuailles à des bandes de chats qui semblaient l'attendre en des points déterminés. Comme ombre au tableau, la distribution, quoique faite avec équité, provoqua des protestations et des cris de colère.

Enfin, après avoir jeté un coup d'œil à la colonne de la Liberté d'où l'on aperçoit dans le lointain la forêt de Belgrade et les lignes de Tchataldja, je vais rendre visite à un certain nombre d'ambulances patronnées ou organisées par la France. Mais il est tard. Le blocus opéré par la flotte grecque a produit un certain effet : il empêche en particulier le renouvellement du stock de houille. Aussi le gaz d'éclairage commence-t-il à manquer dans le quartier excentrique où je me trouve. Je suis obligé, à mon grand regret, d'abandonner l'idée de parcourir, par la nuit, les salles de blessés, et je me contente de prendre contact avec le personnel de direction. Je recueille des renseignements qui complètent ceux qui m'avaient été fournis sur le théâtre de la guerre turco-serbe. Ici aussi, la blessure par le shrapnel prédomine.

Grand dîner chez le général B..., qui, suivant qu'il revêt l'uniforme français ou turc, est général de brigade ou général de division. Mon aimable amphitryon, qui commande la gendarmerie internationale, me met en contact avec les attachés militaires des différentes puissances, et aussi avec un de ses subordonnés qui se trouvait à Salonique au moment de l'entrée des Grecs. J'essaie de me faire confirmer une histoire qui m'a été contée en Macédoine. Au dire des gens bien informés, ce ne seraient ni les Grecs ni les Bulgares qui seraient entrés les premiers à Salonique, mais deux escadrons de la division de cavalerie du prince Arsène. Mon interlocuteur ne peut me renseigner. Je le regrette. Il ne me semble pas douteux que, si l'événement ne s'est pas produit tel qu'il m'a été narré, les Serbes ont tout fait pour qu'il se produisît. Ce désir, qu'il est facile d'expliquer, justifierait alors et la randonnée de la division indépendante serbe et l'abandon de la poursuite des Turcs après Koumanovo.

Tout le monde connaît ma visite à Tchataldja. Aussi, après dîner, dans un coin où se sont groupés les représentants des pays amis, discussion sur la situation militaire. Nous sommes d'accord pour reconnaître que les Turcs s'illusionnent. Ils attribuent à leur mérite l'insuccès des Bulgares, lequel est dû surtout à la force de la position et à l'insuffisance des moyens en artillerie mis en œuvre par leurs adversaires.

Ces derniers ne peuvent, avec le matériel dont ils disposent, assiéger à la fois la ville d'Andrinople et les positions de Tchataldja. Je dis assiéger, c'est le mot propre dans la circonstance.

On discute longuement sur les causes de la défaite des Ottomans, défaite qui a surpris la plupart de leurs amis de Constantinople. Elles sont nombreuses, à mon avis, et méritent un assez long exposé.

Cliché Rajkovitz et Tjukovitz, Belgrade

COMITADJI,
LE VOÏVODE GEORGES SOKOLOVITCH,
SURNOMMÉ « LE KRATOVIEN » (p. 60)

Tout d'abord intervient l'orgueil monumental du mahométan et son mépris irraisonné du chrétien. Cet orgueil, dès que les Turcs ont cru pouvoir se passer de lisières, les a amenés à modifier les plans initialement établis par leurs maîtres en escomptant pour les réformes en gestation un rendement qu'elles ne pouvaient encore donner.

C'est ce même orgueil qui a laissé supposer aux gouvernants du moment que les alliés n'oseraient jamais mettre à exécution leurs menaces et que leur mobilisation n'était qu'une rodomontade. Cette idée fausse entraîne une nouvelle série de fautes, en particulier le renvoi dans leurs foyers des réservistes déjà appelés ; de là, par la suite, un retard considérable dans la mobilisation ottomane.

L'insuffisance des cadres joue également un rôle important. La commission de revision des grades, créée après la révolution, avait, très justement, prononcé de nombreuses rétrogradations. Des généraux de division avaient été remis colonels. D'autres furent simplement privés de tout grade. On renvoya dans leurs foyers un grand nombre d'officiers subalternes illettrés. Malheureusement, le rendement des écoles d'officiers fut insuffisant pour remplacer ces derniers dans les cadres, qui, au moment de la guerre, présentaient des vides considérables (10.000 officiers pour l'ensemble de l'armée). Des raisons analogues créèrent des déficits en sous-officiers. Les formations de rédifs qui auraient pu rendre quelques services si elles avaient eu leur complet de cadres actifs, ne sont bonnes à rien avec l'encadrement insuffisant que leur donnent les circonstances.

Et cependant ces unités, peu instruites, non encadrées et sans cohésion, vont être placées en première ligne. L'orgueil mahométan intervient encore et attribue à une troupe turque à peine dégrossie, les qualités nécessaires pour faire face à des chrétiens, quels qu'ils soient.

La fuite éperdue de ces rédifs ne suffit pas à les discréditer : on plaide pour eux les circonstances atténuantes. On attribue leur démoralisation à une mauvaise administration, alors que le fait est imputable à une organisation déplorable et à des fautes du commandement. A Tchataldja enfin, on leur assure des distributions régulières. Pour parfaire leur instruction militaire, on leur impose quelques exercices à rangs serrés, quelques tirs à la cible : et après quoi, comme pendant la bataille des quatre jours ils n'ont pas lâché pied devant un ennemi que d'autres tenaient à distance, ils sont sacrés parfaits soldats et l'on parle de prendre l'offensive avec eux !

D'autres causes, d'ordre moral surtout, interviennent pour expliquer l'infériorité du soldat turc dans la présente campagne. L'armée turque n'est plus une armée musulmane : les principes égalitaires de la révolution y ont fait également admettre les juifs et les chrétiens.

Ces derniers hésitent à se battre contre leurs coreligionnaires. Ainsi que je l'ai constaté à Uskub, beaucoup d'entre eux s'empressent de passer à l'ennemi toutes les fois qu'ils peuvent le faire sans danger.

D'autre part, les novateurs, qui ont appelé toutes les confessions sous les drapeaux, ont voulu ménager les susceptibilités de leurs nouvelles recrues et ont fait disparaître les manifestations religieuses dans l'armée. Les prières musulmanes y ont été supprimées. Les Ulémas ne parlent plus aux soldats du paradis de Mahomet : ils laissent ignorer le nom du Padischa. Par contre, les cadres nouvellement créés n'ont pas encore su prendre le contact avec l'homme de troupe ni substituer dans son esprit le culte de la patrie au culte religieux. Le soldat ne croit à rien : il ne sait ni pourquoi, ni pour qui il se bat. Au chrétien fanatisé et qui, chose étrange au vingtième siècle, se fait tuer au nom de la Croix, la Jeune-Turquie ne peut opposer qu'un être veule et passif. C'est une éducation morale à faire. On s'en aperçoit tardivement et, après la défaite, des prédicateurs sont dirigés sur les lignes de Tchataldja pour réveiller le fanatisme. Mais le moment est passé et ce *mea culpa* ne fait que souligner une lourde faute déjà commise.

La démoralisation des rédifs est due à d'autres motifs. Pendant la période de tension politique, on s'est plu à les appeler, puis à les renvoyer dans leurs foyers, abusant d'autant plus de leur bonne volonté que ces paysans ont été arrachés à leurs champs sans motifs apparents, au moment où les travaux étaient le plus urgents. Ils savent, d'autre part, que les exemptions sont nombreuses et que, malgré les édifiantes professions de foi de leurs nouveaux élus, ces exemptions s'achètent comme au beau temps du régime hamidien (1).

Si maintenant à ces troupes mal commandées et mal encadrées, sans cohésion, sans instruction et sans ressort moral, on impose des fatigues et des souffrances excessives, si on les place, parfois sans pain et sans cartouches, sous le feu démoralisant du canon à tir rapide, on doit s'attendre à les voir lâcher pied. C'est ce qui s'est produit.

Tout autre était la situation dans le camp opposé. Je ne parlerai pas des Bulgares que je ne connais pas et pour lesquels je ne partage pas l'engouement actuel, car à Tchataldja ils se sont montrés bien inférieurs à leur réputation.

---

(1) Tout le monde raconte (et je donne ce ragot sous toute réserve) que la plus jeune classe va être appelée. Dès que les gens aisés auront acheté des remplaçants, elle sera renvoyée : car s'il y a disette de cadres, il y a pléthore d'hommes non instruits.

Mais les Serbes, que j'ai appris à connaître et à estimer, ont montré les efforts qu'on peut demander à une nation jeune, inspirée de sentiments généreux, sous la conduite de chefs énergiques. La Serbie a préparé et mérité ses succès.

La Jeune-Turquie, au contraire, doit s'en prendre à elle-même de ses défaites dont elle a été en partie l'organisatrice. Peut-être est-il juste néanmoins d'attribuer à ses conseillers étrangers une part de cette lourde responsabilité.

Ma conversation me confirme un autre point qui avait déjà attiré mon attention en Macédoine : c'est le soin avec lequel les attachés militaires ont été, en général, tenus à l'écart pendant la guerre des Balkans. Malgré tout leur mérite, ils ont pu difficilement voir et se renseigner par eux-mêmes. C'est une constatation qui avait déjà été faite pendant la guerre de Mandchourie et sur laquelle insiste particulièrement le général Hamilton dans son journal.

Dans ces conditions, il semble prudent de n'accepter que sous bénéfice d'inventaire les renseignements fournis par les représentants accrédités du ministre de la Guerre, auxquels l'investiture officielle n'a pas toujours concédé l'infaillibilité.

Mercredi 11 décembre.

Je ne puis quitter Constantinople sans faire ma visite habituelle à la Croix-Rouge russe. Son installation est des plus confortables : on a utilisé les locaux de l'hôpital russe évacué pour la circonstance. Les ressources dont on dispose permettraient aisément de traiter une centaine de malades et de blessés ; cependant, malgré les demandes, 35 lits seuls sont occupés. Les Turcs, dont les hôpitaux sont encombrés, ne veulent pas avouer qu'ils ont besoin d'autrui, surtout des Russes qui sont loin d'avoir leurs sympathies.

Parmi les hospitalisés se trouvent trois officiers turcs. L'un d'eux s'est trouvé dans la sphère d'action d'un obus explosif. Il n'a reçu aucune blessure, mais une vigoureuse commotion qui lui a enlevé la mémoire et l'a laissé depuis plusieurs semaines dans un état d'hébétude complet.

Déjeuné chez des amis. J'y rencontre une figure intéressante. C'est un officier turc du nom de Djemal Bey. Ancien général de division rétrogradé par la Commission de revision des grades, il avait quitté l'armée pour aller occuper, après les massacres, l'emploi de vali à Adana.

L'adresse avec laquelle il avait pu donner satisfaction aux puissances lui avait valu un rapide avancement et sa nomination à Bagdad.

C'est là qu'il se trouvait au moment de la déclaration de guerre. Il a demandé alors à reprendre du service et a reçu le commandement d'une division de réserve. Il venait d'être atteint par une attaque de choléra, lorsque, il y a une quinzaine, ont été prises des mesures de précaution contre le Comité Union et Progrès. Djemal Bey, qui est actuellement de ce parti, a dû à sa maladie d'être gardé aux arrêts et non en prison. Il est, depuis hier, rendu à la liberté avec ses amis politiques. Énergique, intelligent, il jouera un rôle important dès que son parti reviendra au pouvoir.

Dans l'après-midi, nouvelle exploration archéologique et visite à Stamboul. Mon cicerone, dont la modestie ne me permet pas de révéler le nom, me fait, grâce à sa connaissance parfaite des lieux, parcourir un pays inconnu des touristes ordinaires. Avec lui, je puis traverser le cordon sanitaire et pénétrer dans Sainte-Sophie que viennent d'évacuer les cholériques. Un rayon de soleil verse des flots d'or sur les mosaïques du dôme, alors que les dalles de marbre, dépouillées de leurs riches tapis, disparaissent sous des couches de désinfectants. En sortant, on nous lave les pieds avec des matières plus ou moins nauséabondes. Je me suis heureusement chaussé de caoutchoucs et je subis sans inconvénient cette précaution ; elle me paraît d'autant plus inutile qu'à quelques mètres de Sainte-Sophie, à côté d'une mosquée regorgeant de cholériques et gardée militairement, se trouve une cour consacrée au lavage des cadavres et où l'on circule sans aucune difficulté en pataugeant dans l'eau des ablutions et en frôlant des hardes de provenance plus que suspecte.

Cette incohérence peint bien ce pays.

En rentrant à l'hôtel, je trouve une lettre de Nazim Pacha m'invitant à venir le voir samedi. Malheureusement, j'ai fixé mon départ à demain et arrêté ma cabine sur le bateau. J'écris au ministre pour lui exprimer des regrets d'autant plus sincères que j'aurais été heureux de voir encore de près cet homme qui tient dans ses mains les destinées de la Turquie.

Je reçois à ma table mes amis de Constantinople, Français et Turcs. On parle de tout, sauf de la guerre. Cela vaut mieux !

DE CONSTANTINOPLE A CONSTANZA

Jeudi 12 décembre.

Visites de départ. — Je voudrais, avant de quitter la Turquie, prendre un bain turc dans un hammam turc. Mon factotum, que j'invite à m'y conduire, proteste de la façon la plus énergique. Il paraît qu'une Excellence ne doit pas aller en pareil lieu : question de mœurs. Je capitule et je lui donne la gratification finale ainsi qu'à mon cocher. Ils sont, semble-t-il, satisfaits de mes largesses et me produisent une nouvelle série de salams que je ne connais pas encore.

A 14 heures, je suis à bord du bateau roumain, un tout petit bateau, en partance pour Constanza. Mes amis français et turcs me font la conduite. Edib Bey est du nombre. Je le charge de transmettre au ministre de la Guerre mes remerciements pour l'accueil qu'il m'a fait, pour les facilités qu'il m'a données. J'insiste pour qu'il traduise bien ma pensée auprès de

*

son chef et qu'il lui fasse connaître mon sentiment sur l'impossibilité pour les Turcs de prendre l'offensive à Tchataldja.

Au moment où l'on retire les passerelles, le lieutenant-colonel Maucorps me présente à M. M..., ministre de Roumanie à Constantinople. Celui-ci laisse sa femme et sa fille dans cette ville contaminée et se dirige sur Bucharest avec de nombreux colis....

Je retrouve, comme voisin de cabine, un vieil ami, ancien officier, avec lequel je vais faire route. On parle de la guerre. L'inversion que j'ai constatée dans la proportion coutumière des blessures par le fusil et par le canon, et qui a déjà été l'objet de nombreuses discussions, est remise sur le tapis.

Certains, et mon interlocuteur est du nombre, voient dans cette assertion une demi-offense à la reine des batailles, dont le rôle serait, de ce fait, relativement amoindri. Telle n'est pas ma pensée, telle n'est pas non plus la signification des faits constatés; j'estime, au contraire, que la tâche de cette vaillante sœur est rendue plus ardue par l'augmentation de rendement du canon, par l'amélioration de sa vitesse de tir et par l'agencement plus perfectionné de ses projectiles; mais cette difficulté ne fait qu'augmenter le prix du succès. Une infanterie victorieuse mérite maintenant doubles lauriers.

DE CONSTANZA A PARIS

Vendredi 15 décembre.

Dès que notre petit bateau n'a plus été masqué par la côte, il s'est mis à rouler bord sur bord. Il est sonore comme une casserole. Les bruits de cabine, tous de même nature, s'entendent d'un bout à l'autre. Aucune sonnette ne fonctionne. Cris, protestations et jurements en turc et en roumain. La domesticité ne se trouble pas pour si peu et paraît très étonnée, au moment où l'on débarque, de recevoir quelques mauvais compliments des passagers mécontents, en guise de pourboire.

Mes camarades de bord m'ont rassuré sur la quarantaine de Constanza et sur les formalités que j'y dois subir. Elles sont encore plus réduites que je ne pouvais l'espérer. Je défile devant deux employés qui me regardent, me demandent si j'ai du linge sale dans mes bagages, me retirent momentanément mon passeport qu'ils me rendent quelques instants après, visé et accompagné d'un imprimé sur papier jaune. Ce dernier, qui est un passeport sanitaire, est rédigé, naturellement, en roumain, et contient des recommandations que je devine, grâce à la contexture latine des phrases et des mots. Je dois me présenter, dans la localité où je me rends pendant quelques jours, au service médical, pour faire constater mon état de santé. Ces prescriptions très vagues seraient d'une exécution qui me paraîtrait bien difficile en France, même si l'on désirait s'y conformer. C'est dire que, dans l'espèce, les mesures sanitaires prises pour défendre l'Europe contre l'invasion cholérique sont de pures plaisanteries destinées à rassurer le public.

Notre train a plusieurs heures de retard, j'en profite pour jeter un coup d'œil sur le port de Constanza. Son outillage est des plus modernes. Son trafic, malgré la situation troublée, paraît considérable.

Enfin, nous partons. Traversée de la Dobrutcha qui est, pour mon ignorance, une révélation. Mes souvenirs sur la campagne de 1854 m'en faisaient une image très lugubre : je pensais traverser des terrains marécageux auxquels, si j'ai bonne mémoire, on attribua la virulence de l'épidémie cholérique qui décima le corps de débarquement. A l'heure actuelle, tout autre est la physionomie de ces vastes contrées, dont la terre noire donne de riches récoltes, de ces fermes qui rappellent en plus jeune et plus moderne leurs sœurs aînées de notre Beauce.

Les voyageurs sont rares dans notre train. Je suis heureux d'y retrouver M. M..., le diplomate dont j'avais fait la connaissance sur le bateau. C'est un homme d'une urbanité parfaite et d'une haute culture intellectuelle avec lequel la conversation est des plus agréables et peut aborder indifféremment les sujets les plus variés. Sa tournure d'esprit paraît très conciliante et je suis persuadé qu'il apportera dans les négociations, pour lesquelles il paraît indiqué, une délicatesse dont les diplomaties italienne et autrichienne nous ont déshabitués. Je crois que c'est mon devoir de Français de lui faire connaître mon opinion sur l'armée serbe, sur sa force réelle, inconnue de la plupart.

J'ai pu me convaincre à Constantinople que les idées optimistes de certains officiers turcs sur leur armée étaient partagées par l'opinion publique, ainsi que par une partie de la presse étrangère et du monde diplomatique. Beaucoup ont été touchés par la folie du nombre et accordent aux 160.000 rationnaires de Tchataldja une valeur militaire que leur enlèvent le manque absolu de cohésion et l'insuffisance de l'encadrement. Enfin, nous parlons de l'attaque des lignes de Boulair dont j'augure bien mal, en raison des dispositions prises pour cette opération et de la qualité des troupes employées.

M. M... me quitte à Bucharest.

Samedi 14 décembre.

J'ai franchi la frontière autrichienne. Chose étrange mon passeport ordinaire m'a été réclamé; par contre, ma carte sanitaire jaune est restée dans mon portefeuille. Personne ne s'est préoccupé de savoir si je venais ou non d'un pays contaminé. Les dispositions prises pour lutter contre une invasion de choléra me paraissent de plus en plus illusoires. Je suis curieux de savoir si la frontière française est mieux protégée.

J'ai pour voisin de cabine un inspecteur principal de la Compagnie des Chemins de fer orientaux. Il habite, en temps normal, Constantinople et a dans son ressort le tronçon qui dessert, à Hademkeui, les positions turques de Tchataldja. Il me conte les scènes d'horreur auxquelles il a assisté au moment de la déroute de Lulle-Bourgas, la prise d'assaut des trains d'évacuation, les grappes d'hommes suspendues aux voitures et s'effritant tout le long de la voie sous l'action de la fatigue, de la bousculade et des chocs, pour tomber sous les roues des wagons.

Entre Pest et Vienne, les stations sont militairement gardées. A Marchfeld, sur une voie de garage en contact immédiat avec la grande ligne, on organise un train militaire et l'on peint des croix rouges sur les wagons. *On ne saurait faire avec plus d'ostentation des préparatifs militaires aussi peu justifiés dans l'espèce.* On ne me sortira pas de l'esprit que nous sommes en présence d'un bluff formidable.

Dimanche 15 décembre.

Nous avons franchi la frontière française. Les douaniers ont montré une parfaite civilité. J'ai pu constater que la curiosité allait en décroissant en marchant vers l'Ouest. A Constanza, on m'a demandé si j'avais du linge sale et on a réclamé mon passeport. A la frontière autrichienne on s'est contenté du passeport sans se préoccuper de la propreté de mon linge. En arrivant en France, il ne m'a été posé aucune question. Je n'ai eu à présenter ma carte jaune à personne.

Je suis fixé maintenant sur la valeur des déclarations administratives d'après lesquelles toutes les dispositions sont prises pour nous mettre à l'abri du choléra. La foi sauve, heureusement !

Enfin Paris, où je retrouve le reporter qui m'avait interviewé au départ. Je suis heureux de démentir, par un dernier interview, un journal illustré qui m'a représenté en uniforme, le verre en main, toastant avec les Serbes à la façon du « Caveau ».

Cette protestation, de pure forme, ne m'empêche pas, pour terminer, de souhaiter à la nation serbe — ainsi qu'à sa jeune et déjà glorieuse armée — la récompense qu'elle mérite pour ses sérieuses qualités civiques et militaires.

TABLE DES ILLUSTRATIONS

Général Herr — Journal de route

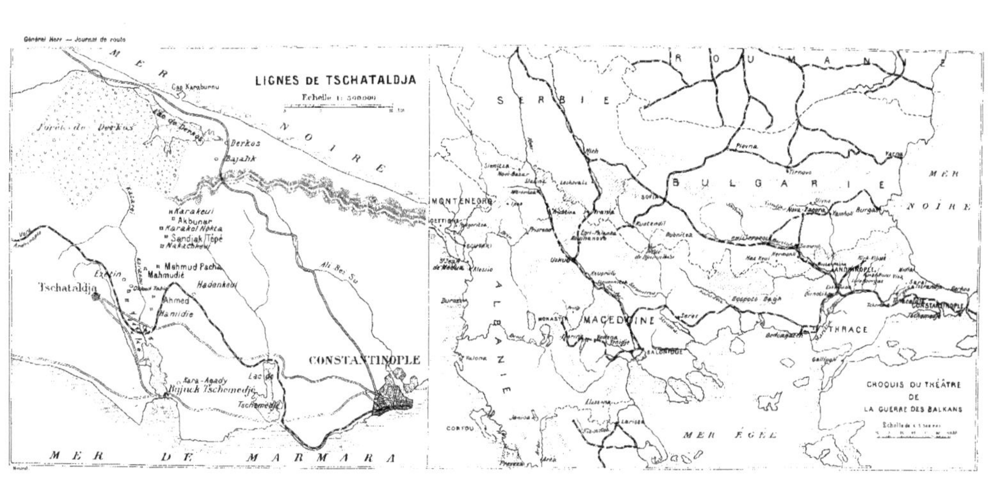

TABLE DES MATIÈRES

NANCY-PARIS, IMPRIMERIE BERGER-LEVRAULT

Du même auteur

La Guerre des Balkans. *Quelques enseignements sur l'emploi de l'Artillerie.* 1913. In-8, avec 2 planches hors texte, broché . . . . . . 1 fr.

Avec les Vaincus. *La Campagne de Thrace (octobre 1912-mai 1913)*, par Georges RÉMOND, correspondant de guerre de l'*Illustration.* 1913. Un volume in-12, avec 2 cartes hors texte, broché . . . . 3 fr. 50

Mon Commandement au cours de la Campagne des Balkans de 1912, par MAHMOUD MOUKHTAR PACHA, ancien commandant de la deuxième armée de l'Est, actuellement ambassadeur de Turquie à Berlin. Traduction française par le commandant MINART, de l'Edition allemande, publiée par IMHOFF PACHA, général de division au cadre de réserve de l'armée ottomane. 1913. Un volume in-8, broché . . . . 3 fr.

Vers la Victoire avec les Armées Bulgares, par le lieutenant H. WAGNER, de l'armée austro-hongroise, correspondant de guerre de la *Reichspost.* Préface de M. GESCHOFF, président du Conseil des ministres de Bulgarie. Traduit de l'allemand par le commandant MINART. 1913. Un volume in-8, avec 24 gravures et 4 cartes hors texte, broché . . . . 5 fr.

Au Feu avec les Turcs. *Journal d'opérations. (Campagne de Thrace, 12 octobre-14 novembre 1912)*, par G. von HOCHWÆCHTER, major dans l'armée ottomane, attaché à l'état-major de Mahmud-Muhktar-Pacha. Traduit de l'allemand par le commandant MINART. 1913. Un volume in-8, avec 4 cartes hors texte, broché . . . . 3 fr.

Histoire de la Guerre Italo-Turque 1911-1912, par UN TÉMOIN. Un volume in-8, broché . . . . 2 fr. 50

La Guerre contemporaine dans les Balkans et la Question d'Orient (1885-1897), par G. BECKER, lieutenant au 16e bataillon de chasseurs. 1899. Un volume in-8, avec 13 cartes in-folio en couleurs, broché . . 10 fr.

La Guerre serbo-bulgare de 1885. *Combats de Slivnica (17, 18 et 19 novembre)*, par le colonel REGENSPURSKY, de l'armée austro-hongroise. Traduit de l'allemand par le lieutenant BARTH, du 54e régiment d'infanterie. 1897. Un volume in-8 de 236 pages, avec 2 cartes et 3 tableaux, broché . . . . . . 5 fr.

Le Royaume de Monténégro, par M. C. VERLOOP, membre correspondant de la Société de Géographie de Lisbonne. 1911. Un volume grand in-8 de 107 pages, avec une carte, broché . . . . 3 fr.

La Serbie économique et commerciale, par René MILLET, ancien ministre de France en Serbie. Avec le concours du marquis H. DE TORCY. 1889. Un volume in-8, avec 2 cartes, broché . . . . 5 fr.

De Thessalie en Crète. *Impressions de campagne (avril-mai 1897)*, par Pierre MILLE, rédacteur au *Journal des Débats.* 1898. Un volume in-12, avec 16 gravures hors texte, broché . . . . 3 fr. 50

L'Italie actuelle. *Le sol et la formation historique. La situation à l'intérieur. Les forces militaires. Les relations extérieures*, par le lieutenant REVOL. 1907. Un volume in-8, broché . . . . 2 fr. 50

La Jeune-Turquie et la Révolution, par A. SARROU, capitaine d'infanterie hors cadre, commandant dans la gendarmerie ottomane. 1912. Un volume in-12, avec 2 cartes, broché . . . . 3 fr. 50

L'Anabase de Xénophon ou la Retraite des Dix-Mille. *Avec un Commentaire historique et militaire*, par le colonel Arthur BOUCHER. 1913. Un volume in-4 de 406 pages, avec 48 cartes, plans et croquis, broché . . . . 25 fr.

Préparons-nous à la Victoire, par Luigi NAZI, major de bersagliers. Traduit de l'italien par le commandant PAINVIN, chef de bataillon d'infanterie. 1912. Un volume in-12 de 93 pages, broché . . . . 1 fr. 50

Guerre de 1870-1871. Aperçu et commentaires, par Pierre LEHAUTCOURT. [Général PALAT.] — I. *La Destruction des Armées impériales.* — II. *Les Armées de la Défense nationale.* 1910. Deux volumes in-8 de 738 pages, avec 5 cartes hors texte, brochés . . . . 10 fr.

Les Horreurs de l'Invasion 1870-1871. 1913. Un volume in-8 étroit de 106 pages, broché . . . . 90 c.

NANCY-PARIS, IMPRIMERIE BERGER-LEVRAULT

www.ingramcontent.com/pod-product-compliance
Ingram Content Group UK Ltd.
Pitfield, Milton Keynes, MK11 3LW, UK
UKHW021006230726
13924UKWH00009B/1788

9 782019 962470